U0052570

迦毘羅衛城遺蹟

釋迦牟尼與提婆達多的故鄉。位於喜瑪拉雅山山麓（在今之尼泊爾境內）。釋迦牟尼晚年，該地曾遭到憍薩羅國毘琉璃王軍隊的屠城，此後即漸趨荒廢。

（圖片來源：shutterstock）

提婆達多（日本・神奈川・總持寺藏）

本書的主人翁。畫像作者不詳。所顯現的提婆達多相
貌倒像是一位仁慈的國王，而與傳統佛教徒心目中的
提婆達多印象大異。

苦行
（巴基斯坦‧拉合爾博物館藏）
苦行是古印度的修行風尚。提
婆達多即堅決主張苦行，而與
釋迦牟尼的中道行分庭抗禮。

樹下觀耕
（巴基斯坦‧白夏瓦博物館藏）
釋迦牟尼出家前即常四處探訪
百姓疾苦。「樹下觀耕像」反映
的就是他對農人生活的觀察。

舍利弗（敦煌・莫高窟）

釋迦牟尼的主要弟子之一，以「智慧第一」著稱。
他是釋迦牟尼晚年弘法事業的主要輔佐人物，但卻
是提婆達多集團的眼中釘。

目犍連（敦煌・榆林窟）

以「神通第一」著稱的目犍連，與舍利弗
被稱為釋迦牟尼的「雙賢弟子」。但是這二
人卻常被提婆達多集團所污蔑。

阿難（敦煌・莫高窟）

提婆達多的親弟弟，也是釋迦牟尼的侍者，有「多聞第一」之稱。在提婆達多破僧事件中，他的立場最為尷尬。

釋迦族子弟的出家（印度・龍樹山考古博物館藏）

釋迦牟尼成佛之後回到迦毘羅衛城時，有不少釋迦族子弟都隨他出家。後來，這些釋迦族比丘有多人支持提婆達多。

調伏醉象

（印度·馬德拉斯博物館藏）

提婆達多買通馴象師縱醉象謀
害釋迦牟尼。結果醉象被釋迦
牟尼的神通力所調伏。

推石壓佛

（印度·塔克西拉考古博物館藏）

提婆達多催刺客推岩石謀害釋迦牟
尼。由於被石頭碎片擊傷，釋迦牟尼
的足部因而出血。這就是佛教史上著
名的「出佛身血事件」。

提婆達多

傅偉勳・楊惠南——主編

藍吉富——著

東大圖書公司

《現代佛學叢書》總序

　　本叢書因東大圖書公司董事長劉振強先生授意，由偉勳與惠南共同主編，負責策劃、邀稿與審訂。我們的籌劃旨趣，是在現代化佛教啟蒙教育的推進、佛教知識的普及化，以及現代化佛學研究水平的逐步提高。本叢書所收各書，可供一般讀者、佛教信徒、大小寺院、佛教研究所，以及各地學術機構與圖書館兼具可讀性與啟蒙性的基本佛學閱讀材料。

　　本叢書分為兩大類。第一類包括佛經入門、佛教常識、現代佛教、古今重要佛教人物等項，乃係專為一般讀者與佛教信徒設計的普及性啟蒙用書，內容力求平易而有風趣，並以淺顯通順的現代白話文體表達。第二類較具學術性分量，除一般讀者之外亦可提供各地學術機構或佛教研究所適宜有益的現代式佛學教材。計畫中的第二類用書，包括(1)經論研究或現代譯注，(2)專題、專論、專科研究，(3)佛教語文研究，(4)歷史研究，(5)外國佛學名著譯介，(6)外國佛學研究論著評介，(7)學術會議論文彙編等項，需有長時間逐步進行，配合普及性啟蒙教育的推廣工作。我們衷心盼望，關注現代化佛學研究與中國佛教未來發展的讀者與學者共同支持並協助本叢書的完成。

傅偉勳　楊惠南

再版序

　　印度佛教史上的重要人物，大體可以分為二類。其一是修證成就的聖者，如：阿羅漢、法身菩薩與佛陀。其二是在人間弘法及著述方面卓然有成的弘法師與論師，如龍樹、無著、世親等人。後世佛教徒所常論及的，當以這二類人物為主。

　　奇特的是，提婆達多並不屬於這二類。他不是聖者，因為他並未證得修行的果位。他也不是佛教徒所欽仰的弘法師，因為他專門與釋迦牟尼唱反調。佛教徒之所以注意他，是因為他太壞，是佛教圈內，惡人的代表性人物。依佛教文獻記載，因為他作惡多端，所以活活下地獄。可以這麼說，他是由於其惡形惡狀的眾多行為，才使他成為印度佛教史上，眾所周知的歷史角色。

　　不過，對提婆達多惡行的眾多描述，是小乘佛教圈（尤其是「說一切有部」）所形塑出來的。其中內容，固然並非全係無的放矢，但是，過度誇大、渲染的地方還是不難發現。因為當時教團內部還是有提婆達多的一群支持者。如果他真的是壞到像「說一切有部」文獻所說的程度，則其支持者當不至於如是之多。

　　當時的佛教教團有不少人以提婆達多為偶像。一位比丘尼（偷蘭難陀）甚至於公開讚美他是最值得供養、禮敬的「龍中之龍」。釋迦牟尼十大弟子之一的舍利弗，也稱讚他「聰明、有大神力、顏貌端正」。甚至於有一大批人還願意跟隨他另組僧團。可見他的攝受

力、領袖魅力還是有的。

　　大約在西元後，印度的大乘佛教逐漸流行。大乘經典中，開始有替提婆達多平反的論述。像《大方等無想經》與《法華經》，對他都有正面的、肯定的評語。這一現象，凸顯的是隨著印度佛教的轉型，對提婆達多的行事也出現了不同的評斷。

　　到二十世紀，國際學術界也有多人對提婆達多所引起的歷史現象有興趣，因此出現了不少相關研究。我在書中列出十二篇有關提婆達多的專論，作者包含中國、日本、印度、比利時、法國等國的學者。發表的時間大約是一九六四年以後的三十幾年間。這些文章至少有下列幾個特點：

　　（一）所採用的方法是歷史學的、批判性的。對傳統史料有較嚴格的分析，與傳統佛教界全然相信佛經記載的態度，完全異趣。

　　（二）學術界的主要看法是：提婆達多所採行的是順應印度傳統的苦行路線；而釋迦牟尼所教導的方法（不強調苦行的中道方式）則是革新派路線，二者之修行特質有異，這是衍生提婆達多事件的根本原因。這樣的看法，可以說是學術界為這一歷史事件所作的結論。

　　本書初版迄今，歷時已二十餘年。在這段期間，筆者主要的研究興趣轉向默照禪、日本佛教與大乘佛法等方面。對於提婆達多問題，幾乎已告忘懷。這次能夠再版，猶如久別舊友之再度相逢，內心當然歡喜。故略贅數語如此，以就教於讀者。

自　序

　　在印度佛教史上，提婆達多是一個集合多種角色於一身的爭議性人物。他是釋迦牟尼佛的堂弟、弟子，同時也是叛徒與敵人。在他生前及死後，都有多種奇特的評價或傳說，陸續出現在各種不同的佛典之中。這些評價或傳說的內容，雖然大多是對他的破斥或貶抑，但是偶而也有一些零星的經典在為他辯解，甚至於對他作崇高的讚歎。

　　在部派佛教的律部文獻裡，提婆達多是一位害佛、「破僧」（分裂教團）的惡人，由於作惡多端，最後還活生生地墮入地獄。但是，大乘佛典《大方等無想經》卻說他的境界甚高，「實非聲聞、緣覺所知」，而且常為釋尊所稱歎。至於墮入地獄一事，是「為化眾生故在地獄。當知實亦不處地獄。」

　　在很多本生故事裡，提婆達多是個宿世為非作歹、傷害釋尊的「惡人」典型，然而，大乘佛典《法華經》所描述的提婆達多，卻是個教導釋尊法華大義的仙人，是使釋尊能夠成佛的善知識。而且他在將來也會成佛，佛號「天王如來」。

　　從歷代佛典對提婆達多的「混亂而不統一」的評價與傳說，可以發現在佛教的信仰與研究裡，其實存在著不少難以解決的問題。譬如：現存的佛典到底保存多少真實可信的史事？當不同佛典的記載相互矛盾時，我們到底該如何作正確的選擇？當大乘佛典在作不

同於原始佛典的新評斷時，我們是該採信大乘所說？抑或維持原來的傳統說法？如果對上述這類問題都未曾省察，而只是撿拾大小乘文獻的片斷作為信仰的依據，這種常見的信仰方式不是很不可靠嗎？

這些問題是筆者在深入研索提婆達多其人其事之時，所逐漸在腦海中湧現的。筆者以為，全面地展示提婆達多事件的歷史框架，凸顯出「不同時代的佛典有不同角度的看法與傳說」的事實，對於現代人的佛教信仰或研究，當可以開闢更廣闊的思考空間。這應該也是拙著的撰述意義吧！

出版這部小書，首先必須感謝近數十年來對臺灣佛學界有甚大貢獻的印順法師。如果沒有法師所撰〈論提婆達多之破僧〉一文的啟發，筆者不可能動筆研索這個問題。此外，在撰寫過程中，季羨林、王邦維、中村元、及穆克紀 (B. Mukherjee) 諸教授的研究成果，也曾給我不少導引。沒有他們的辛勤開拓，筆者勢必會事倍功半、甚或多所誤解。

雖然本書的撰寫方式採行的是不加附註的通俗性寫法，但是為使讀者瞭解資料源流，在各章之中還是附上不少書名。依筆者的最初構想，這部書原想寫成故事體的歷史傳記小說。沒想到走筆下來，卻寫成夾敘夾議的「半論文」式作品，殊非始料所及。

其實，提婆達多的故事是小說家的絕妙題材。其中包含人性的黑暗面與光明面的映照、利生症候群與害生症候群的對決、宗教價值與世俗價值的選擇等問題，具備有相當豐富的文學內涵。善於為文者，

如能將它寫成小說或劇本，可讀性必定不低。希望拙著的出版，會是
一部小說體《提婆達多》作品的基石。

　　　　　　　一九九八年十二月於臺北‧聽雨僧廬

提婆達多 目次

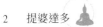

提婆達多略傳

一、身　世

　　提婆達多是釋迦牟尼佛（略稱釋尊）的堂弟。他與釋尊一樣，都是釋迦 (Śākya) 族的王子。如果依釋尊的年代來推算，並依據南傳佛教的傳說，則他大約是西元前五世紀間的人物。他出生於迦毘羅衛城。這是位於喜瑪拉雅山麓（在今之尼泊爾境內）、釋迦族所統治的城邦。

　　「提婆達多」一詞是梵語 "Devadatta"（巴利語亦同）的音譯。除了這一譯名之外，該詞又有「提婆達兜」、「地婆達兜」、「諦婆達兜」……等多種異譯，並略稱為「調達」。此一詞彙中的 "Deva" 是指天、或天神。"datta" 意謂「授與」或「賜予」。「提婆達多」全詞可意譯為「天神所授」或「上天所賜」。因此，古代佛典中也有譯之為「天授」者。在這些音譯、意譯諸名之中，較常為後人所用的是提婆達多、調達與天授。

　　釋迦族古稱釋種、甘蔗種或日炙種。在當時的印度諸族中，釋迦族頗以血統純粹、尊貴著稱。提婆達多的祖父就是該族歷代諸王中以善射聞名的師子頰王。師子頰王有四個兒子。依次為淨飯王、白飯王、斛飯王與甘露飯王。提婆達多就是甘露飯王的兒子。因此，

釋尊的父親淨飯王就是提婆達多的大伯父,而釋尊也就是他的堂兄。此外,他的親兄弟阿難,曾在出家後擔任釋尊的侍者二十五年之久,是釋尊的十大弟子之一。因此,就倫理體系來看,提婆達多與釋尊之間的關係,其實是相當密切的。

釋尊成佛之後,回到故鄉迦毘羅衛城。當時,由於釋尊德範的感召,加上淨飯王又鼓勵臣民送自己的兒子隨釋尊出家,因此,乃在當地引起一陣出家修行的熱潮。在釋迦王族之中,阿難、阿那律、及提婆達多等人,就是在這一風潮之下出家為僧的。

二、出家修行

出家後的提婆達多,在修行方面是頗為用功的。他專心致力於讀經、誦經、問疑、受法與坐禪。對釋尊所說的教法,在表面上大體都能受持。尤其是在禪定的研習、十二頭陀行的實踐、以及多聞廣學方面,他都有顯著的表現。這樣的修持生涯,他經歷了十二年。

但是,經歷了十二年的苦修,他並沒有證入阿羅漢果位。他的內心深處,還是潛伏著貪嗔痴慢疑的種子。這些種子雖然被壓伏了許久,然而在遇到足以引發其生長的因緣時,還是開出有毒的花與結出有毒的菓來。

將提婆達多內心的染污種子引發成為惡行的導火線,是他對神通力量的嚮往與欲求。當時有若干比丘已修得神足飛行、自在來往於天上人間的種種神通。提婆達多看到同門師兄弟的這種超凡能力,

也很想擁有。於是,他向釋尊乞求修習神通之道。

釋尊對這位堂弟的素行、性格相當清楚,他深知提婆達多想要擁有神通的動機,係來自其內心的貪欲,與個人修行的正當目標——解脫境界無關。因此,釋尊對他的回答是:「擁有神通又有什麼用呢?重要的該是對苦、空、無常、無我的如實觀照。這才是能使自己解脫的不二法門!」

對於釋尊這種如實的回答,提婆達多並沒有再作深入的反省。他不同意這樣的指示,內心想到:「既然釋尊不願意教我,我何不請教其他師兄弟?」於是,他又轉而向具有「智慧第一」稱號的舍利弗求教,沒想到舍利弗的回答也與釋尊相同。接著,他又向「神通第一」的目犍連求教,所得到的回答仍與舍利弗無異。

在遭受到多人的拒絕之後,他對神通力的嚮往仍不死心。最後,他想到他的親弟弟——在釋尊身旁擔任侍者的阿難。

阿難在佛弟子之中,號稱「多聞第一」。他所聽聞到的佛法,數量之多為其他佛弟子所無法企及。神通的修習方法當然也是他所熟悉的。而且,阿難的性格溫和,當時又尚未證得阿羅漢果位,因此,對於兄長的求教動機,並沒有深刻的理解。於是,他一五一十的將所聽聞到的神通修習法教給提婆達多。

提婆達多生性具有堅定的毅力,以及「不達目的、誓不罷休」的性格。因此,當他得到阿難所教的神通修習法之後,即在山林曠野間努力地修習。不久,他便能入四禪,又由四禪生起神通力。他

終於與某些師兄弟一樣，能夠自在地變化飛行、來往於天上人間。

　　原本對釋尊似乎並不能赤誠信服的提婆達多，在擁有神通能力之後，他的自信心大幅度地膨脹，權力欲也隨之大為增強。他對於釋尊之廣受弟子擁戴，並不心服。他將釋尊對弟子那種「生命導師」的精神性地位，詮釋為世俗擁有群眾的權力性地位。他以為，釋尊之能普受崇敬與供養，正是因為擁有神通的緣故。加上他與釋尊的出身，都同屬於釋迦族的貴族階級，都是王子，因此，擁有神通之後的提婆達多，覺得自己的各種條件已經足可與釋尊並駕齊驅，他應該像釋尊那樣也能得到世俗大眾的崇敬與供養。這樣的想法生起之後，他逐漸無法安於「釋尊教團中之一普通成員」的地位。他想當教團的領導者。

三、結合阿闍世

　　當時，釋尊及一群為數眾多的弟子都住在中印度摩揭陀(Magadha) 國首都王舍城。摩揭陀國的國王頻婆娑羅 (Bimbisāra) 是釋尊的虔誠信徒。頻婆娑羅王的太子是阿闍世 (Ajātaśatru)。此人對釋尊的信仰遠不如乃父，而且也是一位權力欲極重、好大喜功的政治人物。

　　提婆達多出身於統治階層，他深知如果要獲得群眾的支持，結合政治勢力是一條快速的捷徑，因此，他開始從摩揭陀國的統治階級下手。在權衡輕重之後，他對於那位與釋尊關係密切、且信佛甚

篤的頻婆娑羅王較無把握。於是乃轉而勾結王位繼承人——阿闍世太子。

對於一般不諳佛法真義的人而言，神通的超凡表現往往是最迷人的。阿闍世對政治權力的興趣遠超過宗教信仰，對佛法的內涵所知有限，但是對神通力量的驚奇則一如常人。提婆達多看準了這一點，他表現出種種神變來吸引阿闍世注意。最後，他確實達到了所預期的目標，使這位摩揭陀的王位繼承人覺得提婆達多的神通超過釋尊。提婆達多終於如願地獲得阿闍世的信服與供養。

擁有未來的統治者作為奧援的提婆達多，第一件脫序逆倫的行動便是向釋尊索取統轄僧眾的領導權。他忽略了釋尊在僧團中的權威地位是建立在弟子們的衷心敬仰之上，他漠視了釋尊是所有弟子之生命方向的導引者、也是指引他們解脫苦迫的導師，並不是世俗政治勢力或利益團體的權力領袖。因此，領導地位的轉移，並不能像世俗王位繼承那樣任意地私相授受。繼任者的人選所須具備的必要條件，是他必須真有佛法，必須使僧團中的大部分成員衷心地推仰。否則，即使貿然繼任，僧眾也必然不服。

釋尊面對提婆達多的爭取領導權，當然不會輕率地答應。他直捷地回答提婆達多說：「僧團中人才濟濟，像舍利弗具有大智慧，目犍連具有大神通。這兩位卓越的脅侍，我都沒將僧團領導權交付給他們了。難道我會交付給你這位『噉唾痴人』嗎？」「噉唾痴人」的字面意義是「喫唾液的笨傢伙」。依《十誦律》（卷三六）所載，提

婆達多曾經以神通將自己變成小孩模樣與阿闍世太子嬉戲。當時阿闍世曾吐唾液入提婆達多口中，提婆達多也甘之如飴。所以釋尊以此詞之。當時的提婆達多，聽了這一段當眾斥責他的話之後相當忿怒。他覺得自尊心受到嚴重的打擊，因此隨即忿恨不平地離開該地。

自此之後，提婆達多逐漸發動他的叛佛行動。他的策略是：在世俗方面煽動阿闍世太子篡位為王；在僧團方面則誘引比丘脫離釋尊，另行成立新教團。

阿闍世是摩揭陀國統治者頻婆娑羅王與韋提希夫人所生的兒子，也是摩揭陀國的王位繼承人。身為太子，王位遲早將歸自己，為什麼還須要篡位自立？比較合乎情理的解釋可以找出下列幾點：

其一，阿闍世性情驕縱任性；

其二，頻婆娑羅與韋提希夫婦對他一向過度溺愛；

其三，對於父親的行事風格（如虔敬佛陀等）並不認可；

其四，對於父親仍然健在為王，不耐久候。

在這四點之中，當以第四點最為有力。其時，提婆達多也曾利用這一點對阿闍世進行唆使。他說，阿闍世不一定能活到頻婆娑羅王逝世之時，因此，如果不及早篡位自立，恐怕到命終之際，都仍然只是位居太子而已。

四、破　僧

由於種種因緣的匯集，因此，當提婆達多提出悖逆不倫的建議

時，阿闍世乃立即應允配合。當時，提婆達多的建議是阿闍世篡位為王，而提婆達多也自立為佛。事情如果成功，則摩揭陀國便有一位新王及一位新佛。上述各種因緣，加上對新局面與新氣象的憧憬，使阿闍世完全無視於道德倫理規範與父母親情。他立即著手將父親囚禁於後宮，終使頻婆娑羅不堪酷刑而自殺逝世。這段史實，也正是國人所習知的《觀無量壽經》經文的歷史背景。

提婆達多得到自立為王的阿闍世的支持之後，在聲勢上日漸提昇。此外，在僧團方面，他也獲得一批僧眾的響應。其中，有四位是他的核心助手。這四位是俱伽梨、乾陀驃、迦留羅提舍，與三聞達多。他們與提婆達多都是出身於釋迦族的比丘。經過他們的鼓動，僧團之中，有不少出家眾也紛紛脫離釋尊而歸向提婆達多的陣營。情勢的逐步發展，終使釋尊仍然住世時的僧團，破裂為二。「破僧」的形勢於焉正式成立。在各種律典中所常見的「破僧事」，記載的也就是這些情節。

依照佛典的記載，破僧有下列兩種類型：

1. 破羯摩僧：在同一區域（界）內的僧團，原本應該共同參與僧團內部的各項團體活動（如：布薩），但因細故分裂成兩個互不參與、各自活動的團體。這叫做「一界內有二部僧，各各別住，作布灑他羯摩說戒」（《大毘婆沙論》卷一一六）。這種破僧還是在「尊重釋尊及釋尊所說法」的前提之下的分裂。對佛教而言，危險性較小。

2. 破法輪僧：這種破僧的特質就是「立異師異道」。像提婆達多的破僧就是這一種類型。他自命為「新佛」，而不服從釋尊教導；他的徒眾對他的敬仰尤甚於釋尊。這就是「異師」，亦即不同於釋尊的新導師。在修行方法方面，他主張實踐五法，並認為釋尊的八正道不如他所主張的五法。這便是「異道」。他以這樣的「異師異道」方式鼓動僧眾。而經過表決之後，使僧團分裂成兩個互不統屬的修行集團。這便是破法輪僧。這是兩種破僧類型中較嚴重的一種。依律藏（如《摩訶僧祇律》卷七）的記載，主持破僧的人是會墮入地獄經劫受罪報的。

五、五　法

「五法」是提婆達多破僧行動的主要思想宣言。這是五種具有苦行傾向的修行方式。依《南傳上座部律》（〈經分別〉僧殘十）記載，五法的內容如下所列：

一，盡形壽應為住蘭若者。至村落者罪。

二，盡形壽應為乞食者。受請食者罪。

三，盡形壽應為著糞掃衣者。受居士衣者罪。

四，盡形壽應為樹下住者。住屋者罪。

五，盡形壽應不食魚肉者。食魚肉者罪。

（《五分律》與《根本說一切有部毘奈耶破僧事》〔略稱《破僧事》〕
等書另載有「不食酥乳」等規定。）

　　這五法的根本旨趣是刻苦修行。提婆達多認為五法蘊含有「少
欲知足、制欲、頭陀行、樂住、滅漏、精進」等特質，可使修行者
較快證得涅槃聖果。其實，這五法只是與修行有關的生活規約，主
張出家人：

　　1.應該畢生都住在與村落（或城市）有相當距離的閑靜處（阿
　　　蘭若），而不應住在人口密集的村落（或城市）之中。

　　2.而且應住在樹下、不應住在房屋內。

　　3.應該畢生托鉢乞食，不可到信徒家中用餐。

　　4.應該畢生都穿著糞掃衣（自廢棄物堆中撿拾之破舊衣，洗
　　　淨後所裁製成之袈裟），而不可以接受信徒所奉獻的衣服。

　　5.應該畢生都不吃魚肉（或酥乳），連三淨（魚）肉都不可以
　　　吃。

　　提婆達多認為修行若要較快見到成果，則生活上的刻苦是必要
條件。這種具有苦行傾向的修行原則，在當時是頗為流行的，而且
也較容易得到一般人的讚歎。但是釋尊之所以不能同意全面採行，
原因是他認為偏於一邊的苦行或樂行都是不圓滿的，是違反中道原
則的。在教導眾生時，不只不盡能契機、而且也不靈活。因為釋尊
之教的核心是三無漏學（戒定慧）中的「慧」，亦即對生命特質或生
命原理的把握與體認。連「戒」與「定」都只是輔助條件而已，更

不用說是苦行、樂行之類的修行規定了。所以，儘管這類苦行方式頗為「難能」，但並不一定「可貴」。因為對苦行作僵化式的規定或過度的渲染，也是一種偏執，並不符合佛法的中道精神。

儘管如此，在釋尊當世，佛教徒也不盡然都能瞭解佛法的精要與釋尊的中道精神。因此，當釋尊呵斥五法之錯謬時，居然也有人誤以為釋尊是嫉妒提婆達多才持反對態度。當時，由於有阿闍世的護持，提婆達多的氣勢愈形高漲，不少出家不久的年輕比丘，都紛紛被提婆達多的苦行口號所吸引，而加入他的新陣營之中。

六、破僧事件之結局

面對這樣的情勢，釋尊當然也作了多次的開示，並向弟子們分析個中之是非曲直，而且還派遣弟子去宣說釋尊的看法。在各種對治方法之中，關鍵性的一役，是舍利弗與目犍連的偽裝投身入提婆達多的陣營。

舍利弗與目犍連是當時僧團成員中，最受釋尊倚重的弟子。舍利弗對教義的體會、目犍連在神通方面的才能，是當時僧團中的雙絕。像這樣的弟子會投身到自己的陣營之中，這對提婆達多而言確是一件對自己的群眾最能鼓舞士氣的大事。因此，提婆達多不疑有他，雀躍地歡迎他們倆人的來臨。

加入提婆達多陣營之中的舍利弗與目犍連，趁提婆達多背痛休息之時，開始向群僧展開策反動作。當時的目犍連，展現他「神通

第一」的特長，在空中現形說法，並幻化種種神變以吸引僧眾的注意。而舍利弗也趁機為大眾宣說釋尊的教法。在取得這些僧眾的信心之後，他們乃昭告僧眾，希望大家仍然能隨他們兩位回到釋尊的僧團之中。就這樣，據說有五百位比丘接受勸導，隨他們回到原來的僧團。而由於舍利弗與目犍連的策反成功，也使提婆達多陣營聲勢驟減。同時對釋尊僧團的聲望也有相當程度的重振作用。

七、其他惡行

提婆達多是佛教史上的「惡人」典型。佛典中對他的惡行的描寫是多方面的。除了「自命為新佛而從事破僧」一事之外，還有下列諸項：

首先是過去世的惡行。對這類惡行的描述通常採取這種形式：一，提婆達多做一件壞事。二，弟子們向釋尊請示原委，釋尊即謂「非但今日有此因緣，過去世時亦有此事」，然後敘述一件在過去世提婆達多的害佛或害僧故事。

這類本生故事在《破僧事》中收錄甚多，略如古代相傳的寓言或神話故事。因此，其所載內容自難以令人相信為史實。但是，現代人當可以將這類文字歸類為提婆達多的本生文學或害佛文學作品。換句話說，其中所記載的惡行內容並不能當做提婆達多其人的真實史料。歷史學界所應推敲的該是這類作品的出現所象徵的歷史意義吧！

　　屬於提婆達多今生的惡行，破僧之外，為人所熟知的該是他的多次害佛以及唆使阿闍世弒父篡位等事。阿闍世因禁父親頻婆娑羅王，終使父王自殺身亡。這一件宮闈中的人倫慘劇，凶手雖然是阿闍世，但是提婆達多仍然難逃教唆犯罪之嫌。

　　其次，在害佛事件方面，佛典中也載有多項傳說。茲分別敘述如次。所依據的文獻，以《破僧事》、《十誦律》、《五分律》、《鼻奈耶》等書為主。

　　㈠惡象害佛：阿闍世王豢養一頭大象，名叫「護財」。這是一頭凶暴不堪、經常傷害百姓的惡象。提婆達多為了謀害釋尊，因此向阿闍世取得許可之後，即命馴象師在釋尊即將進城接受施主供養齋食時，放出惡象以謀殺釋尊。

　　當釋尊與僧眾進入王舍城時，惡象即奔向釋尊身旁，欲加踐踏。這時，其他弟子們都驚嚇四散，只有阿難一人不離釋尊。當時，由於釋尊的神通力量使然，乃使惡象變成不傷人的馴象，而柔順地追隨釋尊。釋尊也毫髮無傷地度過一劫。

——《破僧事》卷一九

　　㈡壯漢殺佛：在以惡象殺佛不成之後，提婆達多又以重金僱來一位壯漢去謀殺釋尊。當這位壯漢持刀前往釋尊住處時，當時正在經行的釋尊，乃以慈心三昧的力量招呼壯漢。原本擔任刺客任務的壯漢，在釋尊眼前自然而然地丟棄手中的兵器，趨前向釋尊行禮，並殷重地懺悔，而成為皈依釋尊的佛教徒。

——《五分律》卷三

㈢推石壓佛：這事發生在王舍城外、耆闍崛山上的欽婆羅夜叉石窟中。當時，提婆達多僱來四位刺客守候在石窟附近。當他們看到釋尊從石窟內走出來經行時，即將所預備好的大石頭推下去，企圖謀害釋尊。當石頭往下滾動時，所迸出的碎片擊傷了釋尊的腳，因而流血。這是提婆達多害佛過程中唯一傷及釋尊的一次。這也是佛教史上著名的「出佛身血」事件。另外，在《破僧事》（卷一八）中，也記載一件拋石害佛的故事，內容與《十誦律》所載有若干不同，但大體相似。這大概是同一件事的不同傳說吧！

——《十誦律》卷三六

㈣爪毒傷佛：提婆達多在害佛數次皆未能如願之後，頗為懊惱。這時候有釋迦族人勸他向釋尊懺悔。提婆達多靈機一動，乃在自己的十隻手指甲內，暗藏劇毒，然後前往拜謁釋尊。他的計謀是如能獲得諒解，他就回迦毘羅衛城為王。如果未能獲得諒解，則要釋迦族人擁戴他為王自是不易，那時再作不軌的圖謀。

於是他到釋尊處乞求饒恕。當時的釋尊知道他的不軌企圖，因此默然不語。這時的提婆達多，一看到釋尊以沈默來拒絕他的求饒，內心瞋念大動，立即以抹上劇毒的指甲攻擊釋尊。沒想到害佛不成，反而擦傷自己的手指而身中劇毒。依《破僧事》記載，提婆達多就是因此斃命、並墮入地獄的。

——《破僧事》卷一○

　　上面所列舉的是提婆達多的害佛舉動。此外，他還有若干不道德的劣蹟，略述如下：

　　㈠殺蓮華色比丘尼：在破僧事件末期，阿闍世王受到釋尊的感化，乃皈信釋尊而開始疏遠提婆達多。並且囑咐宮廷守衛，不准提婆達多來見他。有一次，提婆達多來訪。守門人不肯讓他進門，並且明言阿闍世王從此不再接見他。提婆達多正在感到納悶之時，忽然看到蓮華色比丘尼自宮中化緣托鉢而出。惱羞成怒的提婆達多懷疑阿闍世的疏遠是由於蓮華色的挑撥，於是趨前斥責，並且不由分說地加以毆打。相傳蓮華色也因此而逝世。

　　　　　　　　　　　　　　　　　　　　——《破僧事》卷一〇

　　㈡殺法施比丘尼：這事也發生在阿闍世王開始疏遠提婆達多之時。有一次，提婆達多剛從王舍城出來，遇見法施比丘尼。法施看到他之後，即勸他不要再做破僧害佛之事，應該早日懺悔，否則報應臨頭時再懺悔就來不及云云。提婆達多聽到這些語句之後，非但未能接受，反而怒氣填膺。他立即出手毆打法施，致她於死地。

　　　　　　　　　　　　　　　　　　——《增一阿含經》卷四七

　　㈢欲納耶輸陀羅為妻室：相傳提婆達多害佛不成之後，便回迦毘羅衛城，欲還俗娶耶輸陀羅為妻，並擬為其故國之新王。依《有部毘奈耶》（卷一八）所載，釋尊出家前之妻室共有三人，即耶輸陀羅、瞿比迦（Gopika，又譯瞿夷或瞿彌迦）、與密伽闍（Mrgaja）。當提婆達多進宮向耶輸陀羅求婚之時，他先遇到瞿比迦。由於瞿比迦

與耶輸陀羅兩人都力大無窮，因此，提婆達多先被瞿比迦推入宮中的水池內。不久，他又被耶輸陀羅扭傷雙手。終於悻悻然而退出宮外。

——《破僧事》卷一〇

八、逝　世

　　依據《增一阿含經》（卷四七）、《破僧事》（卷一〇）等文獻的記載，有關提婆達多去世的情形，雖然記載的細節或有小異，但是大體還是相似的。其臨終去世原委，略如下述。

　　如前所述，提婆達多曾在指甲中藏抹劇毒，以攻擊釋尊。這就是前述的「爪毒傷佛」事件。這件事與他的逝世是有直接關聯的。

　　當時的提婆達多去面謁釋尊的藉口是要向釋尊懺悔。他並且要弟子陪同前往。而在內心，他是要相機行事、甚至圖謀不軌的。據說他見到釋尊時即趨前頂禮，並且請求寬恕過去的罪行。當時釋尊默然未答。就在這時，提婆達多瞋心驟起，陡然地伸出十指，要以毒爪傷害釋尊。沒想到指甲非但沒有抓傷釋尊，反而在急促動作之時，擦傷自己的皮肉，使原來貯藏在指甲內的劇毒，滲入已經擦傷的皮肉之內。就這樣，提婆達多原本要毒害釋尊，結果卻毒殺了自己。

　　據文獻記載，就在這時候，地下突然有大火生起，圍繞著提婆達多全身燃燒起來。由於事起倉促，提婆達多緊急之間乃朝向身旁

的親弟弟阿難求救，他一直呼叫著：「阿難，我被火燒著了，我被火燒著了！」

看到親兄弟為地獄之火所燒，一向慈悲而又立場尷尬、無可奈何的阿難，立刻高聲向提婆達多喊道：「快點皈依佛陀！至心誠心地皈依佛陀！」

在生死交關狀態之中的提婆達多，終於自內心之中發出誠摯的悔意，並從心中直覺地發出「南無佛陀」的念頭。只是劇火焚身，他在口中只唸出「南無」二字即告墮入地獄之中，結束了這一生的性命。

看到自己的兄弟淪落至此等下場，當時尚未證得阿羅漢果的阿難，內心當然悲痛逾恆。他焦急地向釋尊請示提婆達多在未來世的可能歸趨。綜合釋尊的開示，提婆達多在未來世的生命結局是這樣的：

1. 墮入阿鼻地獄，受苦時間是一大劫（大約是十三億四千四百萬年）。

2. 在地獄受報一大劫之後，他在阿鼻地獄命終，轉生於四天王天。之後，又輾轉投生於三十三天、兜率天、他化自在天等處。生在天界的時間總共經歷六十劫。

3. 在最後一生，他剃除鬚髮，著三法衣，信心堅固地出家修行。終於證得辟支佛（獨覺）果，法號就叫做「南無」。

對於親兄弟這樣的結局，阿難在驚歎之餘，難免有若干不解之

迷。他請示釋尊，一身是罪的提婆達多，為什麼有可能在下半段生命歷程中得到如許善報？居然可以在天界經歷六十劫而不墮惡道？而且最後還能證得獨覺的解脫果位？

釋尊對阿難的回答是這樣的：

其一，凡人在彈指之間所發的善意，尚且福報不可思議，何況提婆達多博古通今，多誦佛法？

其二，多聞佛法的提婆達多，雖然遭受三毒蒙蔽，而多積惡行。然而，在他初皈依釋尊的那一段期間，其實也曾經有過對釋尊心悅誠服的時候。

上述這兩類因緣的和合，乃使他在地獄受報過後，可以有六十劫的長時間，不再墮入三惡道。

其三，由於在他臨命終之時，曾生起和悅心，赤誠悔改而欲口稱「南無佛陀」。雖然僅僅唸出「南無」二字即告身墮地獄，但是由於這一因緣，再配合上他個人早年的多聞佛法，乃能使他在未來世證得獨覺果位，而且法號稱為「南無」。

釋尊這一番開示，使阿難心服口服，同時也解答了當時及後世眾多佛教徒對提婆達多生命發展歷程的若干疑問。

這時候，在旁邊聽到釋尊開示的目犍連，覺得有必要將這一消息傳遞給正在地獄遭受煎熬的提婆達多，以安慰他那已經悔改的心靈。於是目犍連向釋尊請示，得到允許之後，就運用神通到阿鼻地獄。他果然見到了正在飽受眾苦凌逼的提婆達多，並向他傳達釋尊

對他未來世的種種預言。

　　生前對釋尊桀驁不馴的提婆達多，在地獄中已經徹底改頭換面
了。對於釋尊的預言，他感受到溫馨的希望，從而也使他能安心地
在地獄承受未來一劫的無數痛苦罪報。在目犍連即將離開之時，他
拜託目犍連轉達兩層心意。其一，是他對釋尊的頭面頂禮與赤誠問
候；其二，是對親兄弟阿難的感謝心情。

　　上面所陳述的這一段故事，是依據佛教文獻所綜合歸納出來的
現代式描述。換句話說，這些敘述的內容其實都來自傳統佛教界的
一面之辭。對於極端厭棄提婆達多的一方所傳出的說法，其真實性
比例是不易揣摩的。尤其是在熟知「提婆達多派曾經在印度綿延千
餘年」的這一史實之後，對於上面所陳述的種種傳說更是不敢輕信。
因此，此處所載，只不過是傳統佛教文獻之相關內容的綜合整理而
已。至於史實的研判與史料的考證，仍須俟諸異日。

九、釋尊對提婆達多的評斷

　　在現存的佛教文獻之中，有若干處記載著釋尊對提婆達多其人
的評斷。茲摘錄數段以供參考：

　　㈠《中阿含經》（卷二七）記載釋尊對提婆達多一生行事的評價
是「無白淨法如一毛許」，意謂他一生所行的善業連一根毛髮那麼小
的數量都沒有。因此他必須墮入地獄，受苦一劫。

　　關於這一點，《薩婆多毘尼毘婆沙》（卷一）曾記載有人提出疑

問。所提出的問題是：皈依三寶應該可以消除罪過，為什麼出家受具足戒的提婆達多信佛那麼多年還會墮入地獄？該書對這問題的回答有兩點：其一，有些罪業可以透過皈依三寶來拯救，有些則不能。提婆達多罪惡深重，而且所犯是定業，所以無法救護。其二，提婆達多表面上皈依三寶而心不真實，常求名聞利養，而且自稱「一切智人」，與釋尊競爭。這種情形是三寶所不能拯救的。

　　㈡《破僧事》（卷一〇）提出另一種說法以說明提婆達多之必墮地獄，不堪拯救。書中記載釋尊分析提婆達多所以如此不可救藥的原因有三項。其一，是他生來就具有「罪惡樂欲」，而且被這一惡欲所牽引，因而造作甚多罪惡行為。其二，他接近惡知識，得不善伴，與惡人交往。更加促成其罪惡行為。其三，他在修證過程中，得少為足。「得其下品證悟之時，便生喜足。縱有勝上，更不進修」。因而乃使他無法證得極果，而退心為惡。

　　㈢《增一阿含經》（卷三八）記載釋尊對提婆達多的耽於利養而背離修行目標，有一番批評與分析。大意可以分為下列幾點：

1. 修行人貪著利養，是一種忘失原始崇高目標的捨本逐末行為。就像一個手持利斧要出門砍伐木頭的人，到樹林中為枝葉所迷，結果沒有砍伐主幹，卻只帶幾片枝葉回家。提婆達多就是這種人。

2. 由於提婆達多貪著利養，所以其所行所為乃「墮入惡處」，遠離八正道，陷入邪見境界中。

3.提婆達多不能把握戒定慧三無漏學的精義，因此其所見所行皆成似是而非的邪道。事實上，

戒律之法者，世俗常數。三昧成就者亦是世俗常數。神足飛行者亦是世俗常數。智慧成就者，此是第一之義。

可見在三無漏學（戒定慧）之中，慧學才是根本核心，其他像戒律、禪定三昧，以及世俗凡夫最為喜愛的神通，都不過是世俗層次的輔助條件而已。提婆達多所矚目的五法等規定及所追求的神通，都屬於戒與定的範圍。他在戒、定及修行方法方面著力，卻忽略了慧學的核心地位，這是本末倒置的。而且，不以慧學為核心所制定出來的戒律與所修的禪定，也不可能會如法。

　　㈣《出曜經》（卷一五）也記載與前引《增一阿含經》類似的批評。但是在批評之前，釋尊對於提婆達多的前段修行的描述，頗可以讓我們對這位叛佛者的性格增多一分瞭解，而對他所以叛佛的原因也點出「貪圖利養」的癥結所在出來。該經云：

調達（即：提婆達多）比丘所誦經典六萬，象載不勝。十二年中恆處巖藪空閑山間。持戒牢固，如護吉祥瓶。

這樣用功修行的人為什麼最後會走上叛佛的不歸路呢？經典的

回答是：

> 以其貪著利養故，所造功德盡為恚火所燒。

可見持戒堅固的人如果慧學不穩、思想拿捏失當，也照樣會為利養所牽引，而退轉如同凡夫。

> 調達比丘學致神足，為己招禍。設不得神足者，其罪蓋不足言。……調達比丘通出入息，起不淨想。乃至頂法亦復如是，以其神通，貪著利養，自陷於罪。

提婆達多精修禪定，得到神通，加上前面所提到的「持戒牢固，如護吉祥瓶」，這種修行人在某些佛教徒心目中早已視如不世出的一代高僧了，那裡知道他也可能變成佛教史上的罪大惡極之輩？

可見前引《增一阿含經》所提出的「戒律、三昧成就、神足飛行」都是「世俗常數」，唯有「智慧成就」才是第一要義的理念，確實是相當重要的佛法精義。佛教與其他印度宗教（尤其是耆那教等苦行外道）的主要分別點，應該就在這裡。明白這個道理，再來看後世大乘佛教所謂的「五度如盲，般若為導」的語句，自然也就莫逆於心了。

十、另一種聲音

在現存的佛教文獻中，有不少地方都曾述及提婆達多。其中有本生故事，也有今生言行。這些記載的共同特徵是對提婆達多其人的惡行多所著墨，而對他的善行或釋尊僧團方面的缺失，則罕見提及。雖然如此，也偶有例外。除了後世出現的大乘經茲暫不提之外，屬於原始或部派佛教的文獻中，零星地也會流露若干不同於主流僧團的聲音。下面所提出的，就是這類事例。

依《破僧事》（卷五）所載，當釋尊尚未證得果位，仍在菩提樹下修行時，魔王曾偽裝使者來向釋尊通報，詐稱迦毘羅衛城已被提婆達多掌控，宮中宮女皆被污辱，釋迦族多人也已被殺害云云。據說當時的釋尊內心曾經生起懷念耶輸陀羅等妃子的念頭，並且還生起殺害提婆達多的意圖。但是隨即警覺到這種念頭之不善而立即改正。

此外，在《破僧事》卷二〇中，也記載一件信徒要反擊提婆達多的故事。在提婆達多的害佛意圖為信眾所知之後，有若干位信佛的在家眾，即感到憤憤不平，而擬以牙還牙去殺害提婆達多。就在這種提議出現之後不久，有人向提婆達多陣營通風報訊。沒想到提婆達多非但不嚴加防範或刻意躲藏，反而親自到樹林之下坐禪。這種景象讓那些想殺害他的人愕然不知所措，從而感覺到「提婆達多有大威德」，乃各自散去而消除原來的殺人意圖。

這兩個故事多少透露出一些訊息。在提婆達多生前，他與釋尊兩人各自帶領的群眾，彼此對立的情形似乎有勢同水火的緊張情勢，此外，在有些人心目中，提婆達多還是頗有大師風範的，否則豈有可能在知道有人要謀害他的時候還能氣定神閑去樹下坐禪？另外，有人似乎並不百分之百相信釋尊，這從「釋尊在菩提樹下打坐時，內心會生起殺害提婆達多的念頭」傳說的出現，也約略可以想見。

除此之外，下列《四分律》所載的資料，也可以使人意會到提婆達多確實有若干難得的長處。

㈠舍利弗的讚歎：當提婆達多開始從事破僧害佛行動時，釋尊擬派舍利弗向群眾說明提婆達多之所行所為不符合三寶的原則，並向信徒說明提婆達多的惡行。當時，舍利弗覺得頗為尷尬。因為他一向讚歎提婆達多「大姓出家，聰明，有大神力，顏貌端正」。

換句話說，對提婆達多的為人，舍利弗一向是讚歎稱揚的。然而現在忽然要他到信徒群中去宣說提婆達多的不如法及惡行，恐怕會遭人議論為另有不恰當的動機。因此他特別到釋尊之前請示。當時釋尊的指示是，舍利弗以前對提婆達多的評斷與現在要向信眾宣說的內容並未矛盾，所以，仍然可以坦然前往。因為提婆達多確實是「大姓出家，聰明，有大神力，顏貌端正」。但是他目前的行為也確實是「非佛法僧」。

——《四分律》卷四

㈡偷蘭難陀的讚美：舍衛城的一位居士邀請舍利弗與目犍連到

家中接受飯食供養。這事被偷蘭難陀比丘尼遇見了。她居然向該居士說：「你邀請的這兩位是下賤人。如果依我的標準，像提婆達多及其四位伴黨，才是值得供養的龍中之龍」。

——《四分律》卷一三

上面這兩段故事透露出提婆達多本身確實具有世俗人心目中的若干優越條件。從舍利弗的讚歎可以窺見提婆達多在出身、才能與容貌方面都有值得讚歎之處。而從偷蘭難陀的言詞中，也可以看出提婆達多在某一群人心目中是不同凡夫俗子的人中之龍。

十一、結　語

綜合各類佛典之中的傳說及我們的推測，對提婆達多的一生大約可以這樣理解：

㈠他是釋迦族出身、才能卓越的優秀人才。

㈡他性格堅毅、用功，對所追求的目標有強烈的企圖心。

㈢他具有領袖氣質及領袖才能，破僧事件之後，他也確實擁有一批可觀的信眾。死後，這批信眾還一直發展下去，使提婆達多派至少延續千餘年。

㈣他在修行上的主張具有強烈的苦行傾向，這種傾向顯然受到印度宗教主流思想的影響。他不同意釋尊的「中道行」方向而脫離釋尊的教團，也象徵著當時傳統宗教思潮與釋尊之改革思想的衝突。

㈤他與釋尊的對立是確實存在的。由於他的出身與才能都與釋

尊較為接近，因此，他比較不像一般平民出身的弟子那樣敬仰釋尊。他的叛離釋尊，與這種心理基礎有相當程度的關係。

㈥他的領袖欲較強，不服輸的性格也甚為明顯。加上他出身優越、才能又高，這些條件都促使他朝向「領導群倫」方向邁進。因此，他與釋尊的對立，其實也可以視為人間（非宗教）價值觀與宗教價值觀的對立。換句話說，他其實不應該出家。他最好是朝政治領袖的方向去發展。

㈦在所有傳說中的惡行裡，「破僧」一事盡人皆知。此外，推石壓佛，使釋尊受到輕傷一事也可能是事實。至於其他多項記載，很可能是後世佛教界的附會，無法盡信。

提婆達多的支持者

提婆達多事件之所以成為原始佛教教團內部的大事件，原因是他的「破僧」行動，幾乎在釋尊生前把教團分裂為二。如果他的這一行動達到他預期的目標，那麼後代人所看到的佛教發展，必定與今天我們所看到的截然不同。而且，在那種情勢下，釋尊的歷史地位恐怕也與今日吾人之所思者大異其趣。

造成這一震撼性歷史效果的主要原因之一，應該是他有一群為數不少的支持者。這些支持者，有些是他的智囊團，有些是他的信徒，有些是社會上的呼應者。沒有這些支持者，他的行動就起不了大作用，破僧行動的影響力也必然微乎其微。因此，瞭解是那些人甘冒大不韙地公開支持他，應該是有必要的。本章所擬敘述的，就是這些支持者是什麼人？他們又是如何支持提婆達多的？

一、四伴黨

提婆達多在發起破僧事件之初，即有四位比丘與他密謀破僧的可行性及策略的運用方法。這四位就是被佛典稱之為「四伴黨」的破僧事件智囊團，也是提婆達多的核心幹部。這四位比丘的名號依不同經論而有多種不同的譯名。其中，《十誦律》（卷三六）所譯較常為後人引用。其漢譯與原文拼音如下所列：

俱伽梨 (Kokālika)：又譯「瞿波離、俱迦利」等名。

乾陀驃 (Khaṇḍadeviyāputta)：又譯「騫陀達多」等名。

迦留羅提舍 (Kaṭamoraka-tissa)：又譯「迦留陀帶」等名。

三聞達多 (Samuddadatta)：又譯「三沒達羅達多」等名。

這四人都與提婆達多一樣是釋迦族出身的比丘，也都是不服從釋尊教導、對釋尊並不恭敬信服的叛徒。在《大寶積經》（卷二）中，釋尊曾經針對提婆達多與四伴黨等人說了一段令人感慨的話。釋尊說：

> （提婆達多等人）……親對我前，聞我說法，見我經行，見我端坐，見我神足遊處虛空，見我降伏多千外道，於大眾中摧破邪法。如是等人，尚於我所不生信樂。於步步間恆欲毀我，由是步步漸增其惡。

《大寶積經》固然屬於西元後始告流傳的大乘經典，但是其中所載釋尊這段話倒是頗符合四伴黨與提婆達多之行事風格的。以釋尊之慈悲、智慧與聖潔，仍然有弟子叛逆如此，可見人與人之間的相處確實不容易；人性的複雜、善變，也著實讓人難以捉摸。

關於四伴黨與提婆達多的關係，有些文獻說他們是提婆達多的「同黨弟子」，也有說是他的「眷屬」、「友」、「助伴」、「弟子」，或逕稱「四伴黨」。綜合各種記載來衡量，四伴黨與提婆達多之間似乎

原本熟識、且氣味相投。由於提婆達多的世俗地位是王子，而且又是主導破僧事件的領袖，因此，四人乃又奉之為師。所以，提婆達多與四伴黨的關係應該是誼兼師友的。

四人之中，三聞達多與俱伽梨較為突出，在佛典中也較常被提及。此外，提婆達多也有左右脇侍弟子，左脇侍是迦留羅提舍，右脇侍是俱伽梨（一說：右脇侍為乾陀驃）。

四伴黨在破僧事件之中，所扮演的角色就是提婆達多的核心幕僚與破僧事件的第一線執行者。他們到處為提婆達多的傑出及其五法大力宣傳，並作辯解。他們對提婆達多忠心耿耿，對破僧事件的主張堅執不捨。至於對釋尊的不敬與不信服的情形，也與提婆達多完全一致。

在佛典中，對於四伴黨的記載往往是採取四人合併為一的方式，譬如：「提婆達多四同黨呵諸比丘言……」、「彼四人云……」、「調達痴人及四伴黨」等等，至於分別記述他們各人言行的文獻則較為少見。下面摘取部分相關記載，俾對這四人的個別事蹟稍加理解。

佛典中，提到三聞達多的地方常說他「智慧高才」（《四分律》卷四）、或「最大聰明」（《五分律》卷二五）；而有關俱伽梨的記事，則有不少文獻提到他污蔑舍利弗與目犍連為「惡欲者」的原委。依《鼻奈耶》（卷四）的記載，事情大致是這樣的：

有一次，舍利弗與目犍連從耆闍崛山（靈鷲山）入羅閱城（王舍城）托鉢乞食。路上遇到大雨而避入一石室內。當時石室之中，

已有一位牧牛女在避雨。因此，兩位尊者為了避嫌乃隨即離去。就在這時候，俱伽梨（又作「瞿波離」）看到兩位尊者離開，而且也進入石室看到牧牛女。他立即以為兩位尊者與該女有染，乃入城宣揚其事。釋尊知道俱伽梨的誤會，找他來開導，告訴他兩位尊者不會做這種事，但是俱伽梨不接受。釋尊開導了三次，俱伽梨硬是不聽。他還說：「我知道如來很相信他們倆位心意清淨，但是因為我親眼看見他們為惡，所以無法接受如來的說法。」說完之後，隨即離去。此後，提婆達多陣營即常蔑稱二位尊者為「惡欲者」。這件事在《雜阿含經》（卷四八）、《增一阿含經》（卷一二）也曾論及。

　　另有一次，舍利弗生病，在床邊貯存了一顆治病用的植物果實——呵梨勒果。俱伽梨看到了也到處宣揚、污蔑舍利弗蓄積物品、貪圖享受，有違「少欲知足」的出家人風範。

　　這些事例，多少可以看出提婆達多陣營對釋尊兩大弟子的敵視程度。

二、阿闍世

　　阿闍世（意譯「未生怨」）是摩揭陀國國王頻婆娑羅王的太子。他是提婆達多破僧事件能夠形成的關鍵性人物。如果沒有他的支持，縱使此一事件仍會發生，其影響力之必定大為削減是可以推知的。

　　關於阿闍世與提婆達多之間的關係，筆者已經在〈提婆達多略傳〉文中約略敘述過。在這裡，擬再補充幾點。

　　提婆達多在以神通取得阿闍世的信仰與支持之後，所獲得的助益有下列幾項是顯然易見的：

　　㈠在物質上得到大量供應：依《鼻奈耶》（卷五）的記載，阿闍世每日命人送給提婆達多衣被、飯食、床、醫藥等物。而且每日送五百釜飯去供養他的新僧團。使提婆達多在獲得大量物資之外，也獲得社會聲譽。而且，他還用這些物資去引誘釋尊的其他弟子。當時由於發生饑饉，釋尊僧團的弟子們出門托鉢，往往一食難求，然而提婆達多團體則物資寬裕。相形之下，提婆達多團體的聲勢乃較釋尊之僧團為大。

　　㈡阿闍世鼓勵臣屬及人民信仰提婆達多：依《十誦律》（卷一三、三六）的記載，由於阿闍世的護持，乃使其大臣將帥也信仰提婆達多，王舍城的百姓也有不少人隨之改信。當釋尊命阿難率人在王舍城各處宣揚「提婆達多所行為非法」時，阿闍世的臣屬居然說是釋尊在忌妒提婆達多，而且還說：「上人提婆達多怎麼可能為惡？」可見提婆達多的形象在當時曾獲得不少人的認同。在阿闍世對提婆達多最為信服的時候，甚至於還下令「國人不得奉佛，眾僧分衛（托鉢）不得施與」。因而乃使釋尊之僧眾紛紛出走他國（《法句譬喻經》卷三）。

　　㈢提婆達多曾與阿闍世訂立協定。一個是要在殺害釋尊之後自立為新佛，一個是殺父王之後自立為摩揭陀國的新王。阿闍世之允諾這一約定，對提婆達多的破僧殺佛事件有極大的推波助瀾作用。

否則，提婆達多是否真敢如此明目張膽地進行其種種忤逆行為，是很難斷言的。

相傳阿闍世是在釋尊入滅前八年即位為王。《長阿含經》（卷一七）〈沙門果經〉中曾記載他皈依釋尊、悔過向善的事蹟。可見他支持提婆達多的時間為時並不太久。

據《出曜經》（卷二五）的記載，在提婆達多謀害釋尊之事普為世人所知之後，印度十六大國頗有反對的輿論。因此阿闍世乃不讓提婆達多繼續留在王舍城，提婆達多遂返回迦毘羅衛城。兩人的合作關係，到這裡終於畫上句點。

依前引《長阿含經・沙門果經》所載，阿闍世得到壽命童子的引導，曾前往釋尊處請教果報問題，並且向釋尊懺悔殺父的大錯，而皈依三寶，成為正式的佛教徒。此外，《增一阿含經》（卷三二）也曾記載釋尊對阿闍世的預言。文中指出阿闍世殺父之罪報，本來應當墮入阿鼻地獄之中一劫之久，然而由於後來向釋尊悔過，因此，將會生於罪報較輕的拍毬地獄中。其後並會輾轉生於四天王天、他化自在天等處。最後將會出家修學，而以「除惡辟支佛」的身分出現於世。

三、五百比丘與六群比丘

提婆達多正式進行分裂佛教教團的破僧運動時，由於內有四伴黨的襄助，外有阿闍世的支持及供養，因此，在阿闍世的勢力範圍

內（王舍城周圍），提婆達多的聲勢是相當壯大的。有關這時候提婆達多的支持者，除了四伴黨之外，佛教文獻也載有五百比丘捨棄釋尊而追隨提婆達多的經過。

綜合各種經論的敘述，大體可以推知「五百」縱使不是精確的數字，至少可以象徵有一群相當數量的出家人是信仰（至少暫時相信）提婆達多的。其中，有些人的動機也許不盡單純（如某些妄自尊大的釋迦族比丘不服外族長老管教），不過，也必然會有一些人真以為提婆達多所提出的修行方式——「五法」確有殊勝之處。無論如何，這「五百比丘」雖然只是一個約略的數字，但是這一批人卻是提婆達多破僧的社會聲勢的象徵，也是他的基本群眾。因此，當這五百比丘被舍利弗與目犍連設法勸回釋尊的教團之後，使提婆達多的新陣營聲勢驟減。而釋尊的教團也因此而不至有瓦解（至少在王舍城）之虞。

五百比丘之外，「六群比丘」也是提婆達多破僧事件的支持者。所謂「六群比丘」是指六位經常在一起鬧事的惡行比丘而言。「六群」是指六人一群，而非六個群體。這六個行為不檢、經常在教團內外鬧事的比丘，其名稱依不同文獻而有不同的記載。如依《薩婆多毘尼毘婆沙》（卷四）所載，六群比丘的六人名稱是難途、跋難陀、迦留陀夷、闡那、馬宿、滿宿。

在現存各部派的律藏中，因為六群比丘行為不檢而使釋尊為之制戒的故事，為數甚多。不過，依前引《薩婆多毘尼毘婆沙》所載，

這六人對佛法甚為通達,「內為法之棟樑,外為佛法大護。」而且,其中的迦留陀夷與闡那二人,最後居然還證得阿羅漢果,入無餘涅槃。

六群比丘與提婆達多相結合的故事,可以在《摩訶僧祇律》中覓得。該書卷七曾記載提婆達多破僧事件發生之後,僧團為此開會討論(羯摩法)。當時首先贊成提婆達多之所說為合法合律的就是六群比丘。即使經過多人勸諫,他們仍然對提婆達多表示支持。

又依《摩訶僧祇律》卷二六所載,當提婆達多公開表示不參加釋尊教團的布薩(誦戒)活動之後,六群比丘也曾建議提婆達多可以就地自行布薩。提婆達多採用了這一建議,布薩自此與釋尊的僧團分別舉行。提婆達多集團與釋尊教團在儀式上的正式分裂就是開始於此時。

可見在破僧事件之中,六群比丘在提婆達多的陣營裡,地位是不低的。

四、其他支持者

上面所敘述的,是破僧事件發生之後,提婆達多的主要擁護者或支持者。在經論中,我們還可以找到若干其他支持者,像偷蘭難陀比丘尼曾貶抑舍利弗與目犍連為「下賤人」,而推崇提婆達多及四伴黨為「龍中之龍」(《四分律》卷一三);當提婆達多為謀害釋尊而擔心遭受罪報時,六師外道中之一派(道德否定論)的領袖人物晡

刺拏（即：不蘭迦葉，Pūraṇa Kassapa）即安慰他：「無後世、無罪報。」並勸他回迦毘羅衛城篡位為王（《破僧事》卷一〇）；當提婆達多提出以五法破僧之意見時，除了四伴黨之外，也有居士弟子和修達贊同其事（《五分律》卷二五）……。

　　從這些與提婆達多立場截然不同之佛典的多處記載，可以看出破僧事件在釋尊晚年的王舍城，確實造成相當程度的佛教分裂風潮。當時支持提婆達多的佛教徒及社會人士的數量，應該已經多到足以搖撼教團發展的程度。怪不得在提婆達多逝世之後，這一事件在印度宗教史上還餘波盪漾了一千餘年（參見本書〈提婆達多派〉章）。

五　法

一、五法的內容及其特質

　　提婆達多要脫離釋尊的教導而成立新教團，勢必要提出有別於釋尊教法的新主張，否則將難以服眾。依據南北傳律典的記載，他所提出的新主張是五種畢生必須受持的修行方式，古代佛典謂之為「五法」。這五法的內容，各種文獻的記載並不完全一致，內容略如下列：

1. 《南傳上座部律》（〈經分別〉僧殘十）；《善見律毘婆沙》卷一三。

   ⑴住阿蘭若。⑵乞食。⑶著糞掃衣。⑷樹下住。⑸不食魚肉。

2. 《五分律》（卷二五）

   ⑴不食鹽。⑵不食酥乳。⑶不食魚肉。⑷乞食。⑸春夏八月日露坐，冬四月日住於草菴。

3. 《十誦律》（卷三六）

   ⑴受著納（衲）衣。⑵受乞食法。⑶受一食法。⑷受露地坐法。⑸受斷肉法。

4. 《四分律》（卷四）

⑴乞食。⑵著糞掃衣。⑶露坐。⑷不食酥鹽。⑸不食魚肉。

5.《根本說一切有部毘奈耶破僧事》（卷一〇）

　　⑴不食乳酪。⑵不食魚肉。⑶不食鹽。⑷受用衣留長縷績。

　　⑸住村舍不住阿蘭若。

6.《根本說一切有部毘奈耶破僧事》（卷一一）

　　⑴不居阿蘭若。⑵樹下坐。⑶常行乞食。⑷但蓄三衣。⑸

　　著糞掃衣。

　　上列六種記載，彼此之間是大同小異的。比較怪異的是《根本說一切有部毘奈耶破僧事》，居然在同一部書之中，在不同卷數裡對五法有不同的記載。不過，兩種不同記載的「苦行」基本精神並無大異，因此，一併列之於此，以供參考。

　　從這些文獻的記載可以推知，五法的基本特質是對苦行的強調。亦即在食、衣、住方面要求出家人盡量刻苦制欲，盡形壽（畢生）不違此等修持風格。譬如在飲食方面嚴格規定不吃魚肉或酥鹽，每天只吃一餐，必須托缽乞食，不准接受邀請到信徒家中進食。在衣著方面，嚴格規定穿著糞掃衣（衲衣），亦即穿著那些從廢棄物堆中揀拾回來、洗淨再製的簡便衣服，不准穿著信徒為其訂製供養的衣物。在住的方面，也嚴格規定要住在森林、野外等人跡較少的寂靜處，不准住在人群聚集的村落中。要常住在樹下、或露地坐。

　　關於實踐這些苦行生活方式的好處，提婆達多也提出一些見解。綜合各種律典的記載，計有下列諸項：

1. 這五法是訓練出家人少欲、知足、制欲、頭陀行、樂住、滅漏、精進的殊勝法門，且為當時人所歡喜信受。(《南傳上座部律‧經分別》僧殘十)

2. 出家人接受這五法的訓練，可以較快證得涅槃聖果。(《十誦律》卷三六)

3. 這五法與釋尊所稱讚、宣說的頭陀法是一致的。是少欲知足、樂出離者的殊勝法門。(《四分律》卷五)

4. 不食魚肉、乞食、春夏露坐、冬住草菴，則可使善法增長。(《五分律》卷二五)

5. 這五法與摩竭、盎伽二國人所信樂的苦行，性質一致。當為多數修行者所歡迎。(《五分律》卷二五)

　　至於《破僧事》所記載的二種不同的「五法」，雖然基本上還是具有制欲、苦行的傾向，但是「住村舍不住阿蘭若」一項則是與上列四部律典截然異趣的規定。不過，《破僧事》書中對於這些規定都曾提出理由，略如下列：

　　(一)《破僧事》卷一○所載：

　　為什麼不食乳酪？因為要讓牛乳留給小犢牛食用。

　　為什麼不食魚肉？因為不忍眾生斷除性命。

　　為什麼不食鹽？因為鹽之中頗多塵土。

　　為什麼「受用衣時，留長縷績？」因為「沙門喬答摩（即釋尊）受用衣時，截其縷績。」(亦即將所得衣料，裁碎後再縫製成僧衣。

這樣等於破壞了織布工匠的勞績。所以應依原來的布料樣式縫製。）

為什麼要住村舍不住阿蘭若？因為村舍是施主所捐贈，如不居住，等於捨棄了施主的施物。

(二)《破僧事》卷一一所載：

實踐五法，可使行者清淨、正出離、超苦樂、得解脫。

由《破僧事》卷一〇所載，所列舉的理由涉及的層面較廣，思路也比較曲折。不像其他律典之僅僅偏重修行目標。像不忍心與小犢牛爭牛乳；不忍心食用那些必須斷除生命（即使並非專為自己而殺）的魚肉類食物；不忍心糟蹋織工的勞績；不忍心捨棄施主所捐的房舍等等，對一般人而言，都甚具說服力。只不過其他四種律藏所舉的五法都與此有異，加上《破僧事》的編排、撰述方式令人有草率、雜亂的感覺，所以，古來的宗教界、或近世學術界的研究者，在敘述五法時大多捨《破僧事》而取其他律典。尤其是在五部律典之中，《破僧事》所列舉的「住村舍不住阿蘭若」、「受用衣留長縷績」、「但蓄三衣」等三項，皆屬其他律典所未載的孤證。在史料學上，較不能取信於後世研究者。因此，此處筆者也不以之為談論提婆五法的依據。

最近，日本學者中村元在1992年出版的《中村元選集》十四卷——《原始佛教の成立》書中（第四編第二章），曾對《破僧事》卷一〇所列舉的五法作過現代式的新詮釋。雖然中村元氏仍不能證明此五法是否確為提婆達多所說，但是能凸顯此一傳說的歷史意義，

對讀者的思考空間也有啟發、擴大的效果。因此，筆者也對這五法稍加介紹，擬為讀者在進一步思考時提供若干歷史素材。

二、五法與佛教苦行法門的異同

如前所述，提婆達多的五法只是一種具有苦行傾向的修持方式，它並不是某一宗教（或宗派）的教義體系。因此，就思想史的角度來看，它的意義不大。因為從一個宗教或宗派的思想體系來衡量，這類問題只是實踐上的態度或技術層面的問題而已，並不是教義的核心。

雖然如此，對於這樣的問題，釋尊還是深思過、而且深切地經驗過的。眾所週知，釋尊曾在尼連禪河畔苦行林中修習六年苦行。他曾經一天僅食用一粒麥子或僅一粒米、或麻。《方廣大莊嚴經》（卷七）描述當時的釋尊云：

> 日食一麥……身體羸弱……肉盡肋現，如壞屋椽。脊骨連露……眼目欠陷……以手摩腹，乃觸脊梁。又食一米，乃至一麻，身體羸弱，過前十倍，色如聚墨，又如死灰。

經中還提到：釋尊對苦行林中的外道修行者曾有深刻的觀察。那些苦行者雖然實踐種種奇特的苦行，但是其中有人仍有貪欲；有人雖然沒有貪欲，但是仍有深沈的我執；由於缺乏正知正見，所以

儘管對苦行的實踐甚為勤奮，仍然無法得到究竟解脫。

　　對其他苦行者的觀察，加上自己的六年實踐，使釋尊得到的結論是：「徒然一味地自苦，對解脫之道是沒有助益的。苦行絕不是證入菩提的直接因行，也不是非要不可的實踐方式。」因此，他最後毅然捨棄苦行，接受供養。不久，乃證得無上正等正覺。

　　釋尊組織教團之後，所弘揚的佛法以四聖諦為總綱。其中的苦諦指陳的是現實人生的不完美、及生活上的染污與苦惱。集諦指陳的是造成現實人生苦惱的原因。集諦的核心是眾生內心的「渴愛」，也就是源自無明的各式各樣的欲望。滅諦指陳的是修行的終極目標，也就是滅盡貪嗔痴三毒之後所證的涅槃。而到達涅槃的修行方法則是道諦。道諦的內容可分八項，即八正道。

　　八正道是對趨入涅槃聖果的修行方法所作的分類。這八支聖道是彼此相關的八項德目。大體可歸屬於戒、定、慧三學。其中，正見、正思惟二支可歸屬於「慧」學範圍，這是指對佛教核心理念的正確理解、與心理上的正確認同。正語、正業、正命可歸屬於「戒」學範圍，這是教人在語言、行為及生活方面要合乎正道。正念、正定可歸屬於「定」學範圍，這是教人對佛法的核心理趣（無常、苦、無我等）要能時時提起正念；在禪定方面也要有正確的修習。此外，正精進則是貫通戒定慧三學的修行與信仰態度，亦即努力地朝向正確的佛法目標而邁進。

　　從上面的簡單分析，可以看出像提婆達多五法那種有關修行方

式的主張，在釋尊的教義體系之中，只不過是實踐上的細節而已。提婆達多只在細節方面著眼，可見他在教義的核心理念方面，並沒有大異於釋尊的地方。而其所提出的五法，固然頗能迎合當時尊重苦行的風尚、而收到譁眾取寵的效果。但是如果冷靜地透視這類主張的內涵，當不難發現其中並未包含多少宗教智慧。

就五法的基本特質來看，嚴格的苦行規定，主要的作用還是制止貪欲。然而，只是單純地制欲，而未導入屬於生命智慧層次的領域，這在佛法來說，是不圓滿的。而且，如果知見不正確，一味地苦行是否真能澈底制欲，都還是問題。

釋尊是從苦行修持領域中走出來、然後才證入正覺境界的過來人，苦行的利弊得失，他當然了然於胸。因此，他雖然沒有以苦行為唯一的修持道路，但是在其所教導的眾多法門中，也曾給苦行方法留下一席之地。釋尊以為，苦行是有意修持解脫道者的眾多方法之一，雖然有些人適合，但並不是全體修持者都適合。

在釋尊所建構的修持體系裡，也有與五法近似的法門。此即摩訶迦葉所實踐的「頭陀行」。頭陀行有十二種（《清淨道論》作十三種），因此又稱為「十二頭陀行」(dvādaśadhūta-guṇāḥ)。略如下列：

　1.常行乞食：不接受他人在家供養。

　2.次第乞食：依次托鉢乞食，不選擇貧家或富家。

　3.受一食法：一日只食用一餐。

　4.節量食：要節制食量，不恣意飲食。

5.中後不得飲漿：中午進食之後，連液體飲料也不再飲用。

6.著弊納衣：穿著糞掃衣。亦即揀取別人廢棄的衣物，洗濯後裁成僧衣，以供穿著。

7.但三衣：僅能擁有三衣，不能有多餘的衣服。此三衣即：僧伽梨（大衣。亦即托鉢或入王宮時所穿之僧衣）、鬱多羅僧（上衣。亦即禮拜、布薩時所穿之僧衣）、安陀會（內衣。亦即日常工作或就寢時所穿之僧衣）。

8.在阿蘭若處：住在森林或遠離人群之寂靜處，不住市集或村落。

9.塚間住：住在墳墓旁，藉死屍以修苦、空、無常等觀法。

10.樹下止：如在塚間修持未能成就，則在樹下修觀行法門。

11.露地坐：在空地打坐修行。

12.但坐不臥：即俗稱的「不倒單」，即使在睡眠時也不臥倒。

這十二項頭陀行，著重在出家人的食、衣、住三方面的刻苦修行。在修持方向與理念上，與提婆五法是頗為類似的。比較明顯的不同，是五法中的素食主義（不食魚肉），並未被收錄在頭陀行之中。此外，五法中的「不食鹽」、「不食乳酪」等規定，也比頭陀行嚴苛。當然，頭陀行中的「塚間住」也是五法所無的。可見二者之間的嚴苛程度是互有短長的。但是，共通一致的傾向則是對苦行價值的肯定。

依據《解脫道論》（卷二）、《清淨道論》（第二）、與《瑜伽師地

論》（卷二五）的詮釋，頭陀行對佛法修持者確有斷除貪欲、及培養知足、無疑、不退等情操的功效。但是，修習這種法門時也必須知道它的這些特質：

1. 如果「不除惡欲、共起非法、貪樂利養」，則修十二頭陀行也會成為「不善頭陀行」。（《解脫道論》卷二）

2. 頭陀行不是所有人都能修持的。以修行者所具有的三毒（貪嗔痴）成分來看，貪、痴較重的人可以修，因為可以藉此壓伏內心中的貪痴二毒。但是，嗔心較重的人如果修持這種法門，反而可能「更成其惡」。可見這種法門並不是對每個人都適合的。（《解脫道論》卷二；《清淨道論》第二）

3. 比丘、比丘尼、沙彌、沙彌尼、與式叉摩那這五種出家人及在家二眾之間，所能修持的頭陀行數量是互不相同的。譬如比丘可以全修。比丘尼只能修八種，像「在阿蘭若處」、「塚間住」等法門，比丘尼是不方便受持的。至於其他諸眾，也都各有限制，所能修持的頭陀行數量也各有不同。（《清淨道論》第二）

可見在佛教教團裡，對於苦行法門的修持，必須衡量行者的根性與條件，並不是所有人都可以盡形壽受持。而且，如果動機不正確，即使修持頭陀苦行也可能成為不善法。這與提婆五法之不分根性與動機之僵化式規定，確有明顯的精粗之別。

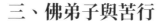

三、佛弟子與苦行

　　提婆五法是五種苦行修持方式，佛法中的十二頭陀行也是類似的苦行法門。到底苦行法門是否為證得阿羅漢果所必經的途徑？還是它只是眾多法門中的一種？在這裡，筆者想從釋尊弟子裡找一些事例來觀察。

　　在釋尊的眾多弟子中，以修持頭陀行聞名的，當以摩訶迦葉最為人所知。依《增一阿含經》（卷五）所載，摩訶迦葉可以說是頭陀行者的典範。釋尊曾經當眾讚揚他在頭陀行方面「所行無有漏失……諸比丘所學，常當如大迦葉」。而摩訶迦葉對頭陀行也相當堅持，至老而不改本色。有一次，釋尊見他年事已高，身體衰朽，因此勸他「可捨乞食乃至諸頭陀行。亦可受諸長者請，並受衣裳」。但是摩訶迦葉並沒有接受釋尊的好意，仍然堅守頭陀行。

　　依《增一阿含經》（卷三）所載，釋尊之弟子中，除了摩訶迦葉之外，其修持與苦行較為接近的有「勇猛精進、堪任苦行」的二十億耳；「清淨閑居、不樂人中」的堅牢比丘；「乞食耐辱、不避寒暑」的難提比丘；「一坐一食、不移于處」的施羅比丘；「守持三衣、不離食息」的浮彌比丘；「樹下坐禪，意不移轉」的狐疑離日比丘；「苦身露坐、不避風雨」的婆嗟比丘；「常樂塚間、不處人中」的優多羅比丘；「行頭陀法」的機梨舍瞿曇比丘尼；「苦體乞食、不擇貴賤」的毘舍佉比丘尼；「一處一坐、終不移易」的拔陀婆羅比丘尼……等

人。可見依頭陀苦行以從事佛法修持的佛弟子，是頗不乏人的。而且，從這些人事蹟之為《增一阿含經》所稱揚，也可以看出頭陀行者在當時仍然普遍受到尊重。

《增一阿含經》（卷三）列舉出的重要出家佛弟子共約一六○位，其中以頭陀行著名的共有十七位。約佔十分之一強。這樣的比例，即使不是十分精確，仍可讓人隱約看出苦行風尚的影響，以及在佛陀的導引之下，有一部分弟子確實有苦行的意願與行持。但是，同時也可以看出，頭陀行的苦行修持方式只是眾多法門中的一種而已。有很多佛弟子並未以之為入道之門。

最顯著的反證，是「喜著好衣，行本清淨」的天須菩提。依《分別功德論》（卷五）的記載，天須菩提出身於釋迦族。釋尊成佛後，首次回迦毘羅衛城時，天須菩提也隨其他釋迦族青年一齊出家。當時，釋尊在開示佛法的同時，也囑咐諸比丘應該盡量節制世俗物欲，「粗衣惡食，草蓐為床，以大小便為藥」。出身貴族階級、喜歡穿著漂亮衣服的天須菩提，一聽到出家生活必須如此刻苦，立刻萌生回家的念頭。他想到平素所穿著的華麗名貴衣服尚且不能完全滿意，更何況要穿那種廢棄衣物堆中揀回裁製的僧衣？於是他到釋尊處稟報過後，便準備還俗回家。

這時，阿難勸他暫住一晚，明日再回迦毘羅衛城。但是天須菩提不能忍受僧團的簡陋床鋪與住處，想到民間借住一宿。熱心的阿難還為此特別到附近的波斯匿王處借用若干華貴傢俱，陳設在僧團

的簡陋住處裡，以供他暫住。

　　當晚，天須菩提就住在阿難特別為他破例陳設的華麗住處裡。在離開僧團前夕，他想起釋尊的開示，想到佛法的核心綱目──四諦的理趣，也想到人生的種種。在這些思維過後，他陡然悟到生命的本質，他證得阿羅漢果，並且獲得神通，而能飛騰虛空。

　　第二天，阿難來看他的時候，天須菩提已經不是凡夫之身，而是已經證得聲聞極果的聖者了。當然，也不想再還俗回家了。

　　對於這一事例，釋尊作出很好的開示。他說，衣服有兩種，一種是出家人可以使用穿著的，另一種是不宜使用穿著的。可不可以使用穿著的標準不是美麗或粗弊，而是對穿著者的道心有益與否。如果對道心的增長無益，甚至於會造成修行、出家的障礙時，那麼，即使是最合頭陀行標準的粗弊衣服，也不宜穿著。反之，如果對道心的增長有益，那麼，即使是華麗、漂亮的衣服，也可以穿著。因為出家修行的目標是開悟證果，「所悟在心，不拘形服也。」

　　僧團制定必須穿著粗弊簡陋衣服的戒律，是為了制止多數人的貪欲。但是，如果某些人的個性無法以此約束，便須要另闢蹊徑，不可一味拘於常格。這種通權達變、因材施教的風格，在《薩婆多毘尼毘婆沙》（卷四）中也有一個鮮明的事例。

　　一位比丘來隨釋尊學法。他向釋尊提出的條件是要給他清淨的房舍，而且房間裡必須「幡幢花蓋、繒綵被褥。以香塗地、絲竹音樂，種種莊嚴」。對於這樣非分的要求，釋尊非但不加斥責，而且吩

咐阿難盡量滿足他的需求。這位比丘就在其中修行，而且在心有疑結時，釋尊也都會不厭其煩地為他說法。就這樣，他就在這間有裝潢、有音樂設備的房子裡證得三明六通，成為俱解脫阿羅漢。

當然，這樣的事例並不是在展示佛教的不公平與特權，而是說明眾生根器不同，教育方法不可以過分地拘泥成規。《薩婆多毘尼毘婆沙》對於上述這一事例即有特別詮釋。書中說這位受到特殊待遇的比丘前生原是天人。由於自天界降生人間，所以，生活條件的過分簡陋對他會形成修行的障礙。如果能在這方面稍加改善，他的內心就不至於為簡陋的生活條件所苦而能安心修行。同時，在他的潛意識中，較優渥的環境對他而言是「恰如其分」、如魚得水的。他對優渥環境只是覺得自然地需要，並不是非分的欲求。

釋尊就是深知他這種根性，才對他破格允許。因為釋尊瞭解他對修行的誠懇與對解脫的渴望，也瞭解破格允許他可以有較佳的居住環境，他也不會像常人那樣地陷溺在優渥的物欲環境裡。在這種「深知眾生根性」的前提下，釋尊才會滿足他那異乎常人的需求。也才不會以「苦行」或「少欲知足」等德目去加以限制。

事實上，佛弟子中之證得果位者，有很多人並沒有修持苦行。眾所週知的阿難，侍佛二十五年。所從事的是弟子服侍師父的雜事。在釋尊逝世後，由於他尚未證得羅漢果位，因此未能參加結集法藏的大業。慚愧之餘，每日在僧團中精進修持。一夜，他經行之後欲再度上床小憩。就在他頭未就枕而雙足已離開地面之時，證得羅漢

極果。

　　依南傳佛典《長老尼偈》的記載，得利卡比丘尼結婚後有意出家，由於丈夫反對而未果。不過，她仍然在家中邊做家事邊修持。有一天，她在廚房做菜時，見到一片菜葉掉在火爐上並立刻被火爐烤乾。她因此而得到啟發，證得阿那含果。旋即出家為比丘尼。

　　比丘尼巴達，由於丈夫薩杜卡要謀取她的金銀珠寶，因此將她騙到山頂懸崖附近，想要奪取金銀珠寶之後，推她下懸崖。巴達不得已乃用計虛與委蛇，並趁丈夫不備，反而將他推下懸崖。

　　巴達的丈夫薩杜卡原本犯罪被判死刑，在即將行刑之前被巴達愛上。因此，她請父親運用種種關係營救垂死的薩杜卡。最後終於得以免刑，並入贅為巴達的夫婿。

　　對於這位生命完全由自己家人所挽救的丈夫，居然會忘恩負義地謀殺自己，巴達感到人性的詭詐及世俗價值的不能依怙。於是，她開始相信宗教。最先，她成為耆那教的出家人，接著又四處參訪，到處與人辯論各派宗教的利弊得失。最後，她被舍利弗折服，終於改信佛教。在精進修持之後，終於證得阿羅漢果。

　　此外，周利槃陀迦的例子也值得一提。這位以愚鈍資質證得阿羅漢果的佛弟子，與其兄摩訶槃陀的修證過程也都可以作為「不修苦行也可能快速證果」的例證。哥哥摩訶槃陀資質聰慧，出家之後，白天誦佛經，夜間修禪觀，不久便證得阿羅漢果。可是周利槃陀迦由於患有嚴重的健忘病，哥哥教他的一首偈頌，背了三個月還是記

不起來，因此，被哥哥推出房門外，不再傳授他佛法。正在愁哭之時，被釋尊發現，改教他只背誦「我拂塵、我除垢」二句，沒想到他還是無法記憶。於是，釋尊勸他為諸比丘擦鞋。在擦鞋的同時，再由比丘繼續教他這二句。

經過這樣的磨鍊，終於使周利槃陀迦背起這二個佛法警句，並且在夜間修禪觀行時，思惟其中的義蘊。不久，他就證得阿羅漢果。

上面這些事例，都可以使人瞭解：入道與證果確實有眾多法門。具有苦行的修持意願固然值得讚歎，但是卻也不能以之為至高無上而否定其他。眾生的根器千差萬別，能供修行者選擇的法門也為數甚多。靈活地選擇某一契理契機的法門來修持，這是師父教徒弟的教育原理，也是個人修持時應該先行瞭解的修行原則。

四、五法及其他

以苦行精神為基調的五法，是提婆達多破僧運動的基本主張，說一切有部的律論：《薩婆多毘尼毘婆沙》（卷四）即曾如此記載：

> 調達以五法誘諸年少比丘，令生異見。破僧之要以五法為本。

《薩婆多毘尼毘婆沙》是印度說一切有部詮釋律藏（《十誦律》）的著述。該書（卷四）曾經為五法之誤在何處，提出說明。因為僧團中人，即使不贊同提婆達多之破僧行徑，但是難免會有一些人的

內心會滋生疑竇。疑竇的生起，在於有些人修持五法時曾得到釋尊的讚歎，而提婆達多提倡五法卻遭到呵責。關於這一問題，《薩婆多毘尼毘婆沙》提出另一角度的回答。

書中記載，釋尊常說「四聖種能得八聖道，成沙門四果」。而提婆達多卻認為「八聖道趨向泥洹反更遲難。修行五法以求解脫，其道甚速」；而且以為八聖道並不是「常所用法」，只有五法才是「常所用法」。

四聖種是指在衣、食、住及修行意樂方面的必備條件。修行者在衣、食、住等生活條件方面必須適可而止、少欲知足，不可以在這方面有所貪著與欲求。而在修解脫道方面，則要能欣悅從事。樂斷煩惱、樂修聖道。具有這四種心態，則對貪欲所引發的障礙，當能較具免疫力。以四聖種為基礎，進而修習戒定慧所涵蓋的八正道，自然事半功倍。證得四沙門果（須陀洹、斯陀洹、阿那含及阿羅漢）的可能性也隨之大增。這是釋尊所開示的修持正軌。

然而，提婆達多所提出的五法，雖然也是釋尊所開示的法門，但是在修持次第上，與釋尊所說的比較起來，則有本末倒置之失。因為他以為依五法修持比依八聖道修持，在效率上要快速得多。

依《薩婆多毘尼毘婆沙》（卷三）所載，除了上述五法之外，提婆達多還新創若干釋尊所未制的新戒律及新看法：

1. 提婆達多主張出家人只要內心生起貪嗔痴三毒的念頭，即是犯戒。這是「心戒」，並非行為上的犯戒，是釋尊所不制的。

2.釋尊規定出家人須剃髮剪爪。但是提婆達多卻認為髮、爪有生命，因此以為可以不必剃髮剪爪。

3.淫戒與盜戒都是釋尊所制定的重戒，但是提婆達多卻以為是輕戒。至於傷害到草木，本是小事，但提婆達多也以之為重戒。

上面所摘錄的是提婆達多在出家人戒行方面的新規定及新看法。從這些新規定可以看出提婆達多看法的某些特徵。他認為心動三毒妄念即是犯戒；髮爪有生命，因而不必剃剪；此外並認為傷害草木是違犯重戒。他企圖嚴格地限制修行者的心念，且將草木、髮爪提昇到生命層次，而提倡泛生命戒律觀。對這樣的見解，自表面上看似乎高不可攀，實則並不務實。不過，從實踐上的高難度看來，這些戒條與五法的苦行精神可以說是一致的。

五、結　語

透過上面的簡單說明，大體當可以看出提婆五法與釋尊觀點的差異，也可以看出苦行在佛教修持法中所佔的位置。在佛法中，具有苦行內涵的頭陀行是可以修的，但卻不是必然要修。此外，以「起心動念之不如法」為戒律、視髮爪、草木為有生命，卻又以淫、盜二戒為輕戒，這種標新立異的高調，其實與出家僧團的實際狀況甚不協調。這是偏於一邊的看法，不符佛法的中道主義。

　　確實的，任何佛教徒在修行時，都該牢記佛法是以智慧導引行為的中道主義法門，是一種依智化情的處中之法。在《根本說一切有部毘奈耶破僧事》（卷六）中，釋尊曾經告誡五位弟子：凡是「樂著凡夫下劣俗法及耽樂淫欲處」、或「自苦己身、造諸過失」的邪師都不可以親近。前者是縱欲的樂行，其非聖道，顯然易知。後者是無謂的苦行，一味的苦行而缺乏智慧導引，則是 「身」 在受苦而「心」 未必能離欲。長此以往，常會陷溺於自以為是的邪法中而不自知。這些都與佛法的中道主義相距甚遠。

神　通

一、提婆達多與神通

依據《根本說一切有部毘奈耶破僧事》（卷一三）等書的記載，在提婆達多的整個破僧事件過程中，神通也是促使他逐漸陷入大逆不道情境的因素之一。

提婆達多對神通境界的嚮往，與一般凡夫對神異能力的嚮往是相似的。有一年，王舍城一帶鬧饑荒，百姓生活困苦，因此出家人在托鉢乞食時常常一食難求。這時候，有些具有神通能力的比丘，乃騰空飛行，上天入地，到遠處取回香果、美食，以供養僧團大眾。

親眼看到這種神異能力的提婆達多，對神通生起強烈的嚮往，他想獲得神通能力。最初，他請求佛陀教導神通的修習法，佛陀沒有答應。接著，他請求舍利弗、目犍連、阿若憍陳如等多位上座，也都未能如願。然而，他還是鍥而不捨。最後，他找到他弟弟阿難（一說係十力迦攝），才獲得修習神通的訣竅。

得到神通修持訣竅的提婆達多，立即精進努力地修習。不久，他終於依禪定力量而證得神通。依據前引《破僧事》的記載，他的神通能力大致是這樣的：

　　1.一身變作多身，多身合為一身。

2. （身體）或現或隱。

3. 於山石牆壁通過無礙，如於虛空。

4. 於大地出沒，猶如水中。在虛空中結跏趺坐，猶如在地。

5. 或騰虛空，猶如飛鳥。或在地上，手捫日月。

具有這種神異能力之後，他也沒有忘記引起他嚮往神通的最初因緣。他也像前此所見的某些具神通力的比丘那樣，上天入地，以神通力遠赴三十三天（忉利天）等地取回天廚美食等物，以供養大眾。

當然，取回香果美食以供養大眾，並不是提婆達多修習神通的唯一動機。含藏在他內心的強烈權力欲，更促使他不斷動腦筋思考下一步該怎麼走。他思考所得的結論，是以神通去爭取摩揭陀國王位繼承人阿闍世太子的支持。

要取得阿闍世的信任與支持，所表演的神通當然是要竭盡所能的。相傳提婆達多所顯現的神通有下列這些現象：

1. 提婆達多到阿闍世住處，將自己化為白象，從大門入，從小門出，忽而變現原形，忽而變為駿馬，忽而成為牛王，在大門小門之間忽隱忽現。

2. 在見到阿闍世之後，又變成小兒坐在阿闍世膝上。並示現神變與阿闍世嬉戲，甚至於嚥下阿闍世所吐在他口中的唾液。

就這樣，提婆達多取得阿闍世的信任，並且讓他以為這樣的神

通能力已經超越過佛陀。於是，阿闍世果真成為他的熱心護持者。他的破僧行為也以此為起點，逐漸地擴展開來。

二、佛法中的神通

釋尊及其弟子的神通行為，在佛教文獻中是相當常見的。換句話說，在釋尊及歷代佛弟子的心目中，神通是有的，它是透過修行可以證得的超越凡俗的特殊能力。因此，有些人修行得法就擁有神通。當然，也有不少人因為修行不得法、或求得神通的意願不高，因而一生都未能獲得神通能力。

佛法中的神通，比較重要或顯著的，大體被歸納為六種。亦即身如意通、天眼通、天耳通、他心通、宿命通、和漏盡通，一般稱之為「六神通」。這六種神通大體可以分為二類。前五種可以視為一類。這一類相當於一般人心目中的神通，亦即在身體上或心理上所具有的超越凡俗的特殊行為能力。但是這五種特殊能力並不是佛法中的解脫境界，所以，佛典中常常告誡世人不可迷執或一味追求這種神通。具有這種神通能力的佛弟子，如無必要，也不可以作炫耀式的表演。至於佛教徒利用神通去求取世俗利益，則尤在訶斥之列。

六神通中的第二類是漏盡通，這種「神通」其實就是早期佛教徒修持的終極目標——涅槃解脫。這種「神通」顯然與前五種有性質上的殊異。在功能上也與尋常人心目中的「特異功能」屬性大為不同。

這六種神通的內容，略如下列：

1. 身如意通：這是第一類的五神通之中，最為迷人的一種。
又稱神足通、神境智證通……等。證得這種神通的人，可
以飛行空中，身體可以變化自在。引起提婆達多去修學神
通的導火線，就是某些佛弟子所顯現的這種神變。提婆達
多具有神通之後，顯現給阿闍世看的也是這種特異功能。

2. 天眼通：這是一般凡夫肉眼所未能達到的特殊透視與觀看
能力。又有天眼智證通等異稱。由於這種神通也可以預見
眾生在死後的歸趣（往生何處），因此又稱為「生死智證
明」，而為「三明」之一。

3. 天耳通：這是指超越一般凡夫的特殊聽覺能力。

4. 他心通：是指能洞悉其他眾生內心之所思的特殊能力。

5. 宿命通：能洞悉眾生過去世之生命現象的能力。又有「宿
命明」、「宿命智證明」等異稱。這也是「三明」中的一明。

6. 漏盡通：「漏」是「煩惱」的異名，是指促使眾生流轉生死
的雜染的心理成分。煩惱淨盡，內心的染污成分完全消除，
這也就是佛法中的解脫境界。證得這種境界，則不再墮入
生死輪迴。其時內心的貪瞋痴等諸毒盡除，生前可得有餘
依涅槃，死後則證入無餘依涅槃。這種境界是佛教聖徒（阿
羅漢等）的境界，與前五種神通之為「凡夫也可能證得」
的情形不同。在佛法的「三明」之中，這種境界也是其中

之一，謂之為「漏盡智證明」。

　　由於出家人的出家動機與心態千差萬別，因此，對於神通的期求意願也並不完全一致。有些人一心一意追求證得漏盡通（即涅槃解脫），但是對其他五種神通的求證意願則並不熱衷。有些人特別喜歡特異功能，亦即對前五種神通特別有興趣，但卻對佛教的核心目標（漏盡通）並不嚮往。早期佛教文獻中經常會出現一些不專心修行、卻喜歡搗蛋的比丘（如「六群比丘」等人）的惡劣事蹟，即可說明佛教教團中確實有一類人，對原始佛教的終極關懷——漏盡通，是不重視的。因為這些人原本就不是為證得漏盡通才來出家。其中有部分人是隨順父母命令才去當比丘的，有部分人則是為了逃避世俗社會中的挫折才到僧團出家的……。

　　當然，也有很多人的出家動機與意願都相當正確。他們修持的主要目標是獲得漏盡通，證得解脫果。至於對前五種神通的修持，只要不與漏盡通的修證目標相衝突、而且動機不是出自內心貪嗔痴三毒的推動的話，那麼，隨緣獲得這類特異功能，在佛法中並不是一件壞事。

　　在南傳巴利聖典中，有一部屬於《中部》（相當於北傳《中阿含》）的 Ākaṅkheyya 經，即載有佛弟子對各種神通的修持意願經文，及有意修持者必須注意的事項。從經文中可以看出修持神通在佛教教團中並不是禁忌，而是釋尊所允許的。不過，經文中對修持各種神通的人都賦予共通的守則。此即：「必須持戒清淨、勤修禪定，成

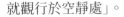

就觀行於空靜處」。

　　此外，原始佛教及部派佛教所常見的「四神足」說，也提出修習與神通力有關之三摩地的四種動力，即：欲（意願力）、心（念力）、勤（精進力）、觀（觀行力）。這種理論的提出，可以看出在佛法中，神通並不是完全被排斥的。而且，在佛教文獻中也可以找到不少有關神通修習法的相關理論。因此，如果將神通修習法視為龐大佛法體系中的一部分（雖然不是主要的、核心的部分），這種看法應該不算錯誤的。

　　除了上述六神通之外，在佛典中也常記載一些神異事蹟。這些神異事蹟所顯示的也是屬於神通領域內的特殊能力，但卻不易歸類於六神通之中的任何一類。茲舉數例如次，以見神通的範圍並不僅是前述六種而已。

　　依據《長阿含經》（《遊行經》）的記載，釋尊曾向阿難開示，凡是修習四神足成就卓越者，可以延長壽命至一劫有餘。所謂「一劫」，有大劫、小劫之分。據近人的估算，一小劫為一千六百八十萬年，一大劫為十三億四千四百萬年。即使以小劫來計算，能住世一劫有餘也是相當驚人的神異能力。但是這種能力，即很難歸入六神通之中。

　　此外，依《清淨道論》（〈說神變品〉）等書的記載，有一次，舍利弗曾在月夜中露地坐禪。當時有一位夜叉（惡鬼）對準舍利弗頭部給予當頭一擊。沒想到舍利弗出定後並無大礙，而且不知道有夜

又打他。倒是打人的惡鬼卻因此而墮入地獄去了。舍利弗這種入定後產生的神異能力也很難納入六神通之中的任何一類。

　　神通現象是形形色色的，隨不同因緣而有不同的顯現。歸納為六類或五類只是一種權巧方便，後代人並不須要僵執除了六神通之外即別無其他。

三、善用神通的佛弟子

　　運用神通能力以解除眾生的苦難，導引眾生進入佛教正法之中，這叫做「神變示導」。運用神通能力，以達到圓滿教化眾生的目的，叫做「神變教授」。從佛教文獻中所記載的這兩個與神通有關的專有名詞，當可以知道神通行為在整個佛法體系中自有一定的意義。

　　事實上，在《阿含經》裡，歷史上的釋尊示現神異能力來教化眾生，是屢見不鮮的事例。釋尊之外，佛弟子中之具有神通能力的，也常有示現神異事蹟的時候。至於後世流傳的大乘經典或密教文獻，其神異成分更是有過之而無不及。

　　以釋尊為例，在他一生的教化活動之中，神通能力所佔的比重是相當高的。對於過去世諸佛事蹟及佛弟子宿命的瞭若指掌（宿命通）、對於遠處弟子們心事、言談的洞若觀火（他心通、天耳通）、對於眾生死後往生情形的清晰預見（天眼通）、以及自由來往三界、示現神變、為天人等各種眾生說法（身如意通）等等，這些神異行為，論境界之高，是其他佛弟子所難望其項背的。

　　釋尊的神通能力是眾所週知的。此外，釋尊所調教出來的弟子之中，能示現神通的人也所在多有。下面所列舉的，就是釋尊時代佛教僧團中的事例。透過對這些事例的理解，我們當可約略揣摩出原始佛教時代之神通文化的大略情形。

　　在釋尊弟子之中，目犍連號稱「神通（或神足）第一」。在僧團裡，凡是發生必須運用神通才能解決的困難問題時，大家往往會想到目犍連，請求他出面幫大家紓困。

　　依《雜阿含經》（卷一九）的記載，有一次，釋尊以神力上昇忉利天為亡母摩耶夫人（其時已往生在忉利天）說法。時隔三個月，還未回到人間。這時僧團中有很多弟子想念釋尊，但是大部分人又沒有神通可以上昇忉利天，因此，乃央請目犍連上天求釋尊早回僧團。

　　目犍連答應大家的請託，乃上昇忉利天。他看到了釋尊為天界眾生說法的盛況。在敬禮釋尊之後，他傳達僧團師兄弟的心意，並獲得釋尊在七天後返回人間的承諾。

　　除了為教團師兄弟解決問題之外，目犍連也曾運用神通為釋尊處理過一件事。依《中阿含經》（卷八）的記載，釋尊開始步入老年階段時，自覺身體狀況大不如前，因此須要一位侍者。這個心意透露出來之後，弟子們紛紛自願就任，以服侍釋尊。但是都沒得到許可。

　　這時，目犍連乃運用他心通，才知道釋尊覺得阿難最適合擔任

侍者一職，他老人家也希望有人能與阿難溝通、協調。就這樣，目
犍連乃率領諸比丘前往阿難住處。結果，圓滿地促成其事。

在目犍連的神通示現經歷中，最引人注目的事項之一，當是他
制伏難陀與優槃難陀這兩位凶暴龍王的故事。依《增一阿含經》（卷
二八）所載，有一次，釋尊應忉利天主釋提桓因的請求，即將率領
若干弟子上昇忉利天為亡母摩耶夫人說法。由於在飛行前往忉利天
的途中，會飛越過龍王住處的上空。因此引起這兩位凶暴龍王的憤
怒。他們斥罵出家人為「禿頭沙門」，並且運用神通力在空中燃燒大
火，以阻止釋尊等人上昇忉利天。

這時候，僧團中具有神通能力的弟子們，如大迦葉、阿那律、
迦旃延、須菩提……等人都紛紛向釋尊請求允許自己以神通力與龍
王交戰。但是釋尊都覺得他們的神通不足以降服龍王，因而未允所
請。最後，目犍連出面向釋尊請求出戰，釋尊在詢問過目犍連的戰
術之後，乃放心地讓他承擔這一艱險的任務。而目犍連在與兩位龍
王搏鬥過後，也不負眾望地降服他們，並且將他們引導來皈依釋尊、
受持五戒，使他們成為正式的佛教徒。

除了制伏二大龍王的事蹟之外，在提婆達多誘引五百位比丘叛
離釋尊之時，目犍連也曾示現神通，與舍利弗合作將叛離的五百比
丘又導引回釋尊門下。當時，他與舍利弗聯袂往訪提婆達多，假意
加入他的陣營。並趁隙為提婆達多的徒眾示現神變，以爭取他們的
信心。目犍連為他們示現的神變，依《四分律》（卷四六）所載，略

　　如下列：

　　　　1.上昇虛空，或現形說法，或隱形說法，或現半形說法。

　　　　2.身在虛空中，有時身上出煙，有時出火。有時身上出火、
　　　　　身下水流。有時身上出水，身下出火。有時全身火燃，而
　　　　　毛孔出水。

　　在目犍連以神變取得那些徒眾的信心之後，舍利弗即開始宣說
佛法。不久，終於恢復了他們對釋尊的信仰，並隨目犍連與舍利弗
共同脫離提婆達多陣營而返回原來的教團。

　　在原始佛教教團中，具有神通的比丘、比丘尼為數不少，即使
是「智慧第一」而不是以神通著稱的舍利弗，其神變能力也是非同
小可的。依《根本說一切有部毘奈耶破僧事》（卷八）的記載，給孤
獨長者要在舍衛城為釋尊建造祇園精舍時，當地外道若干人曾出面
橫加阻撓。並且推舉一位赤眼外道向舍利弗挑戰。兩人在經過一番
神變幻化的交手過程之後，外道終於承認自己的神通遠遜於舍利弗
而皈依佛法，並出家成為舍利弗的弟子。當時，另有幾位不服輸的
外道，密謀要殺害舍利弗，結果也都被他以神通制伏。

　　在佛弟子之中，周利槃陀迦是以資質魯鈍、近乎智能不足而終
被釋尊教化成為阿羅漢的。他在證得阿羅漢果之後，每次向他人說
法時往往僅說一偈而已。如果有人僅聞一偈而覺得有所不足，他就
示現神通以警醒聽法者。據《四分律》（卷一二）所載，他曾經為那
些聽聞一偈而心生不喜的比丘尼示現神變。當時，他所示現的是「即

昇虛空、或現身說法、或隱形而說法、或現半身說法……或出煙炎。」周利槃陀迦這種說法方式，與辟支佛之常以神變示人一樣，都印證了「神通有時可以取代或輔助說法」的可能性。

在《增一阿含經》（卷三）所記載的傑出佛弟子，有不少人是與神通屬性較為接近的。比丘之中，除了上述的目犍連、舍利弗、與周利槃陀迦之外，還有「速成神通」的摩訶男；「恆飛虛空、足不蹈地」的善肘；「居樂天上、不處人中」的牛跡；「天眼第一、見十方域」的阿那律；「以神足力，能自隱翳」的般兔（即周利槃陀迦之兄）；「自憶宿命無數劫事」的菓衣；「能降伏魔外道邪業」的僧迦摩；「入水三昧不以為難」的質多舍利弗；「入火三昧普照十方」的善來；「能降伏龍，使奉三尊」的那羅陀；「降伏鬼神、改惡修善」的鬼陀……等人。

比丘尼之中，也有「神足第一、感致諸神」的優鉢華色（即蓮華色）；「天眼第一、所照無礙」的奢拘梨；「自識宿命無數劫事」的拔陀迦毗離（即大迦葉之妻）；「入水三昧、普潤一切」的婆須；「入焰光三昧」的降提……等人。

四、神通的應用原則

儘管神通示現是原始佛教教團中常見的現象，也是某些佛教修行者之宗教生活的一部分，但是對應用或修習神通的人而言，有兩個原則是不可或忘的。這兩個原則是：

1. 神通並不是萬能的。

2. 神通是不可濫用的。

關於「神通不是萬能的」這一觀念，雖然一閱即知其意，並不難明白箇中理趣，但是一般人一遇到挫折或困難，卻往往會誤以為任何困難都可以由某一具有神通的人來加以解決。對於具有神通者的禮敬，也常會遠高於對一般人的尊重。因而，也很容易將自己的身家性命全部付託於具神通者。於是，在不知不覺之間，又墮入「神通是萬能」的錯誤陷阱中。

說「神通的效驗有一定的限度」是有例證可尋的。在佛教的信仰體系裡，大家都承認釋尊的神通能力至高無上，遠高於阿羅漢與辟支佛。而阿羅漢與辟支佛的神通力量，又往往高於某些外道。即使如此，釋尊的神通能力還是無法解決一切問題。當毘琉璃王在進攻釋尊的祖國迦毘羅衛城時，釋尊並沒有用神通去阻擋，當目犍連運用神通去拯救釋迦族人時，釋尊也知道結果必是徒勞無功，因為他知道，這是業報使然，神通是敵不過業力的。

目犍連是佛弟子中的「神通第一」，但是他的母親死後墮入惡鬼道中，他也無法以神通力加以拯救，而必須仰仗供養十方僧眾的力量才能使她脫離鬼道之身。甚至於目犍連自己也無法避免被外道擊殺致死。此外，比丘尼之中，被稱為「神足第一」的蓮華色，也是被提婆達多毆打致死的。這些事例都可以說明神通的效能自有一定的限度。盲目地信之為百分之百可以解決問題，是一種未嘗深思的

幻想，是不切實際的。

關於第二個原則：「神通不可以濫用」，也不難理解。利用神通來為非作歹、施行不義，當然為佛法所嚴禁。但是，是不是「不利用神通去胡作非為」就算是沒有濫用？抑或是另有準則必須依循？這是我們必須再深入查考的。

依照前面所列舉的神通應用事例，大體可以得到下列兩項基本準則：

其一，用神通來教化眾生、解除眾生的苦難、消除弘法上的障礙、博取眾生的信心……這些為了幫助眾生、為了輔助弘法所作的神通示現，都是被允許的。

其二，為了自己的私欲而從事神通示現，是不可以的。

顯然的，釋尊、目犍連、舍利弗等人所常作的神通示現，正是上面所列舉的第一種。而提婆達多所從事的神通應用，則是第二種。

除此之外，從佛典中所載的神通故事，也可以看出釋尊對於示現神通的態度，另外還有一些比較細的規定：

1. 證得神通的人，如無必要，不必向一般人提及自己已證神通。未得果位或神通的人，當然更不能妄言自己已經證得果位或神通，否則便是違犯大妄語戒。這是《四分律》（卷二）中釋尊所明白開示的。

2. 應用神通去為眾生解決問題，基本上是許可的。但是，如果與業報原則相衝突、或是可能產生不良的影響與後遺症，

則仍在禁止之列。在《四分律》（卷一）中，釋尊曾經禁止目犍連以神通到鬱單越（北俱盧洲）取食物回來供應其他比丘食用，就是為了這種原因。

此外，《鼻奈耶》卷六也記載一件佛弟子因為示現神通不當而遭到釋尊處罰的例子。

這件事是由釋尊的一位阿羅漢弟子賓頭盧所引發的。釋尊之世，王舍城有一位長者樹提，偶然獲得一枚珍貴的牛頭栴檀。他命工匠雕刻成鉢，並將它懸掛在離地七、八丈高的巨木上面。然後對外宣稱，任何修行人如果能夠不用梯子而將鉢取下，這一牛頭栴檀鉢就奉送給他。

當時，有不少外道修行人都躍躍欲試，但都能力不足。這件事讓阿羅漢賓頭盧知道了，他雖然也具有「項佩日光，放千光明，暉赫天地，飛昇虛空」的卓越神通（《賢愚經》卷六），但是他也瞭解，佛弟子之中，「神通第一」是目犍連。因此，他前往勸請目犍連運用神通去取下牛頭栴檀鉢。沒想到目犍連的回答是：「為了那個木鉢就去示現神通？這種事我是不會做的！」

由於個性與目犍連不同，因此，賓頭盧聽了這樣的回答並沒有打消取鉢的念頭。第二天，他前往樹提長者處，示現神變，「不起於座，伸手取鉢。」

賓頭盧的神通，贏得了栴檀鉢與樹提長者的讚歎，但也招來釋尊對他的懲罰。懲罰的理由是：「只為了一個小木鉢，就示現神

通。」懲罰的方式是：終身不得入無餘涅槃，不得住在閻浮提洲。必須到拘耶尼洲（西牛貨洲）弘揚佛法。

　　為了賓頭盧這件事，釋尊還為僧團制定一些戒條：

　　　1.比丘平常用的鉢破了，不可即告捨棄，應該補綴繼續使用。如果輕率另求新鉢，則違犯「捨墮戒」。

　　　2.比丘在舊鉢不堪使用時，可以改用新鉢。但是必須將舊鉢送還僧團。並由僧團將新鉢授與這位比丘。比丘終身使用這鉢，到破壞、不堪使用時才可捨棄。

　　上面的第一項規定中，謂輕率去乞求得到新鉢，要以「捨墮戒」加以懲處，可以看出釋尊對這件「小事」的處理是頗為慎重的。「捨墮」又稱「尼薩耆波逸提」，犯這一戒的人，必須將所得到的不如法財物（如：金錢、鉢、衣等）繳交僧團，而且要懺悔過失，使內心清淨。

　　釋尊採取這種處理方式的緣由，顯然是因為賓頭盧以神通取鉢一事，可能引發某些凡夫比丘內心的物欲。物欲不除即貪毒未盡，這正是佛教徒修行必須念茲在茲地克服的。賓頭盧使用的鉢未壞，卻運用神通去取得栴檀鉢。對賓頭盧本人而言，他已證得阿羅漢，不會是因為心存貪欲才去取鉢，但是這一行為卻會招致世人對僧團的譏嫌，也對凡夫比丘有不良的示範作用。釋尊之處罰賓頭盧，其故當即在此。

五、結　語

　　如前所述，佛教中的六神通可以分為二類。其中，漏盡通是佛教徒的終極修持目標，是佛法的解脫果。而其他五種神通則是一種超凡的特殊能力，是不修佛法的世俗眾生也可以修得的。嚮往佛法的解脫境界的人，修持的主要目標是漏盡通。至於其他五通，是可有可無的。相反的，對於一個非佛教徒、或雖然皈依三寶仍然三毒深重的佛教徒而言，漏盡通往往不是他們所期待的。倒是五神通反而會是他們嚮往的目標。因為五神通的功能很可能使他們獲得平素夢寐以求的權力及名聞利養。

　　提婆達多雖然也現出家相，但是，當他在從事破僧行為時，他已經不信釋尊所教導的佛法、不嚮往漏盡通的解脫果了。當時，他所走的路線是披著宗教外衣的世俗路線。五神通的苦修、五法的強調，都是他苦心積慮、經營這一路線所採行的手段及策略。所以，神通也就成為他從事破僧行動時的輔助條件了。

提婆達多為什麼會叛佛破僧

一、佛典中所載的宗教性詮釋

　　從現存的佛教文獻中的記載，可以看出傳統佛教界對提婆達多破僧叛佛的原因，有多種不同的詮釋。其中，有一大部分是以宗教性的觀點來為這件事作詮解。所謂「宗教性的觀點」，是指其所提出的看法涉及佛教信仰體系中的三世因果及實踐特質，因而無法以世俗的方式去求證或認知。這樣的解釋，也許可以使某些佛教徒相信，但是，卻不易讓一般人心服。

　　這類宗教性詮釋又可分為兩大類。其中一類是強調提婆達多之惡行及其宿世為惡的因緣（本生故事）。另一類則是為提婆達多的現世惡行作合理化的詮釋。在第一類文獻之中，常見的方式是：釋尊在為弟子們論及提婆達多的惡行時，往往隨即舉出過去世的一件類似的惡行故事，以說明提婆達多之害佛與為惡，是累劫以來常見的事例。無數的事例，暗示著提婆達多宿世累積的惡習及怨恨釋尊的心理，已經深厚到難以改易的地步。因此，今生的惡行及對釋尊的不服與傷害，其實只不過是過去世因緣的延伸或重現而已。

　　第二類文獻所作的詮釋與第一類大異其趣。這一類文獻數量較少，但卻認為今世提婆達多的惡行是有緣由的，是可以諒解的。以

《興起行經》為例，該經卷下〈地婆達兜擲石緣經〉中，即謂釋尊今生為提婆達多（即「地婆達兜」）所害，是宿世因緣的業報招感。因為在過去世，釋尊為了爭奪家產，曾經害死自己的親弟弟。這位被害死的親弟弟就是提婆達多的前生。所以，提婆達多今生的害佛破僧，其實是釋尊往昔所造惡業的因果報應。

此外，在《大方廣善巧方便經》（卷四）則謂提婆達多之害佛，其實是對釋尊行菩薩道的考驗與鍛鍊。透過這樣的考驗與鍛鍊，釋尊才逐步圓滿他的六波羅蜜菩薩行。而在《大方等無想經》（卷四）中則更謂提婆達多的破僧、害佛只是一種為度化眾生所作的善權方便，是為了顯示釋尊功德力所作的示現 （表演），並不是真實的為惡。

上面所列舉的這兩類文獻是佛教內部的兩種不同詮釋， 是說給佛教徒聽的。至於此下所擬提出的幾點，則是我們對提婆達多叛佛破僧所作的歷史分析，是說給一般讀者聽的。

二、釋迦族王子的優越意識

這是指提婆達多在「種族」與「出身」雙方面的優越感所造成的自傲心態而言。個人所屬的種族是社會承認的優良種族，個人的出身是社會承認的高階層地位，這些雖然不必然會促使每一個人都產生驕慢心理，但卻較容易使某些人在自覺或不自覺之間，形成自大的意識形態。提婆達多出身於釋迦族的貴族家庭，在與釋尊完全

相似的環境中成長，他在內心所孕育的優越感，自然較一般市井小民要重。對於釋尊的崇拜心理，自然較不易像一般弟子對釋尊那樣地仰之彌高。

釋迦族人的種族優越意識，在當時是相當普遍的。即使是釋尊的侍者阿難（提婆達多的弟兄）在內心中也多少具有這種心態。當他知道提婆達多死後要墮入地獄之時，他在釋尊之前悲泣慨歎。慨歎的是提婆達多「不惜名號、姓族」、「辱諸釋種、毀我等門戶」，而且，「我等門族出轉輪聖王位，然提婆達多（兜）身出於王種，不應現身入地獄中」（《增一阿含經》卷四七）。

這樣的慨歎內容，簡單的說，就是認為尊貴的釋迦族貴族子弟，不應該有墮入地獄的下場。其中所蘊含的釋迦族優越意識，是顯而易見的。

此外，依據《破僧事》（卷二）所載的傳說，住在兜率天（覩史多天）、即將降生的一生補處菩薩，有能力選擇自己所擬降生的生處、國土、時節、種族與所生父母。當時尚未成佛的釋尊，在種族方面即選擇釋迦族。因為釋迦族「清淨尊貴」而不是「下賤家」（《釋迦譜》卷一也說「諸族種姓，釋迦第一」）。這樣的傳說，表徵的是釋迦族尊貴意識與佛教八相成道說的結合。

有關釋迦族優越意識泛濫成災的事例，最著名的一件當推毘琉璃王 (Viḍūḍabha) 與迦毘羅衛城所結的因緣。這段悲慘的歷史故事，是釋尊晚年所遭遇到的家國之痛。雖然其中牽涉到佛教所說的業報

因果，但是就世俗層次來觀察，事件的原委，主要就是自以為優越的釋迦族，盛氣凌人所引起的果報。其經過情形，略如下述：

　　釋尊之世，印度之地有十六大國。其中，憍薩羅 (Kosala) 國與摩揭陀國最為強盛。釋尊的祖國是附屬於憍薩羅國的小邦。當時，憍薩羅國的統治者是波斯匿王，首都即舍衛城。

　　依《增一阿含經》（卷二六）的記載，波斯匿王剛即位不久，想娶一釋迦族女為妃。他向迦毘羅衛城的釋迦族提出這一要求，並以武力相威脅。當時，迦毘羅衛城的釋迦族並不以為波斯匿王的求親是一種榮耀，反而認為波斯匿王的出身不夠資格可以迎娶釋迦族女。

　　不過，由於忌憚波斯匿王的武力攻伐，因此雖然對這門親事嗤之以鼻，但卻又不敢公然拒絕。最後，釋迦族的摩呵男想出一個計策。他建議用他家中婢女所生的女兒冒充自己的親生女去嫁給波斯匿王。這一建議獲得所有釋迦族的同意，因此乃依計行事。那位奴婢的女兒果然成為波斯匿王的王妃。

　　不久，這位王妃生下一個兒子，也就是波斯匿王的太子，名叫毘琉璃（又譯「毘流勒」）。當毘琉璃太子八歲之時，父王送他到迦毘羅衛城的外祖父（摩呵男）家中學習射箭等武術。沒想到興沖沖回外公家中學武的毘琉璃，卻遭到釋迦族人的極大侮辱。他們罵他為「婢子」（奴婢之子），不准他進入釋迦族講堂，並且將他從講堂中拖出來摔在地上。

　　受到這種奇恥大辱的毘琉璃，他發誓要報仇。他並且吩咐一位

臣下，此後要每天提醒他不要忘卻這一恥辱。

　　果然，在波斯匿王逝世、毘琉璃即位之後，新王的第一件大事就是出兵攻伐迦毘羅衛城。他前後出兵三次。前兩次是因為釋尊在道路上阻擋，毘琉璃王在尊重釋尊的心情下，禮貌地退兵。當他第三次出兵之時，他將所俘獲的釋迦族人盡數用暴象踐踏致死。當時的迦毘羅衛城死傷無數，血流成河。被俘獲的五百位美貌釋種女子，也由於不願意成為毘琉璃的妃子而被砍斷手足，埋在坑中。她們寧死不從的主要原因，不全是國仇家恨，而是釋迦族優越意識的激昂使然。她們都對著毘琉璃王說：「誰願意與你這種婢子所生的族類結為夫婦？」

　　釋迦族人的自傲，使迦毘羅衛遭到屠城之害，使釋迦族元氣大傷、幾告滅族。這種自命不凡的優越意識，在僧團中也清晰可見，並沒有因為是方外世界而不同。

　　六群比丘中的車匿（Channa，又譯闡那），原是迦毘羅衛城的僕從，也是釋尊出家之時，為釋尊駕馭馬車的車夫。由於他是釋迦族人，因此，他出家之後自恃出身釋迦族，自以為身分尊貴，高人一等，因而在長老比丘教他佛法時，傲然不願受教。《善見律毘婆沙》（卷一三）曾記載他公然向那些長老比丘說：「佛是我家佛，法亦是我家法。……諸長老不應教我，我應教諸長老」。

　　比丘尼中的偷羅難陀（Thullanandā，又譯「偷蘭難陀」）是律藏中經常出現的惡行比丘尼。她也是自恃出身釋迦族而蔑視其他種族

出家人的驕慢者。據《根本說一切有部苾芻尼毘奈耶》（卷一九）所載，有一次她大罵其他種族出身的比丘尼，說她們「貧寒出家，罪惡種族。聖法無分，有賊住心」。有人問她為什麼要發脾氣罵這種粗鄙語，她說：「我生釋種，族姓高貴，法合訶罵。汝等不知是何族姓，但聞訶罵，默合忍受。」

又有一次，有人稱讚蓮華色等比丘尼。由於被稱讚的都不是釋迦族人，因此偷羅難陀大為不悅，並說了一些譏謗言語。有人問她何以如此，她說：「我是釋迦族出身，精通三藏。大家應該多稱讚我，不該稱讚那些出身種族不高貴的人。」

在《四分律》（卷一三）中，還記載偷羅難陀讚歎出身釋迦族的提婆達多及四伴黨為「龍中之龍」，並蔑視不是釋迦族出身的舍利弗、目犍連為「下賤人」。

像上面列舉的這種優越意識，提婆達多也未能去除。當其他比丘聽從釋尊指示，向出身理髮匠的優波離頂禮時，提婆達多即拒絕作禮（《破僧事》卷九）。當他接受阿闍世的護持，即將從事破僧行動時曾向他的隨從比丘說：「釋尊是釋迦族的瞿曇家人，我也完全一樣」（《鼻奈耶》卷五）。當他正式叛離釋尊僧團時，他也說：「我是釋種，姓瞿曇。大人不可屈下從他……。我從今不復屬沙門瞿曇」（《十誦律》卷三七）。

提婆達多的叛佛破僧，固然來自多種因緣，但是自命不凡的釋迦族優越意識，應該是促使他及他的徒眾走向這一不歸路的心理基

礎。從另一角度來看破僧運動，其實也可以視為原始僧團之中，釋迦族與非釋迦族之兩大陣營的對立。此一對立形勢之始作俑者雖然是提婆達多，但是如果沒有「釋迦族優越意識」的瀰漫，要形成這樣大的事件是很不容易的。（本節所述，頗受印順法師大作之啟發。請參閱其所撰《華雨集》第三冊〈論提婆達多之破僧〉。）

三、對釋尊的不服

如前所述，由於提婆達多與釋尊同屬釋迦族，同姓瞿曇（喬達摩），同是王子，又是堂兄弟，在種族與社會地位方面，屬於同一階層。因此，他對釋尊的尊敬心理自然較不容易生起。此外，依據多種佛典的敘述，在世俗才能方面，提婆達多也是少數能與釋尊分庭抗禮的人之一。他與難陀、釋尊的武藝技能，是當時釋迦族中最為出類拔萃的。依佛典所載，三個人的排名是：釋尊第一，難陀居次，提婆達多第三。下面所列舉的便是這類事例：

1. 《眾許摩訶帝經》（卷四）曾載：在一次射箭比試中，提婆達多一箭可以射穿一棵多羅樹；難陀一箭可以射穿二棵多羅樹；至於釋尊，則一箭射穿七棵多羅樹、七重鐵鼓、與鐵豬，而且這枝箭還繼續穿透入地，並且直到龍宮。

2. 《修行本起經》（卷上）〈試藝品〉載：在一次比武招親的大會上，有五百位參與比試的勇士。在當天，提婆達多曾經一拳打死一頭象；難陀見了，就將倒在地上的象拖到路

旁；釋尊最後到該地，他將象舉起，丟往城外，結果居然使死象復生。在該次正式比武場中，也是提婆達多第三名，難陀第二名，釋尊居冠。這次的比武，冠軍即為釋尊。他娶得的妃子叫做裘夷（又譯瞿夷）。裘夷是釋尊的第一位夫人，由於她不能生育，而第二位夫人耶輸陀羅則生下羅睺羅。因此佛典中記載耶輸陀羅之處較多，而較少提及裘夷。

上面這些描述，當然是流傳後世的傳說。故事情節的可信度有多高是很難斷言的，但是彰顯的是提婆達多確是一個在才能上堪與釋尊一較長短的傑出人才。具有這樣的才能，要讓他真心屈服於釋尊座下，當然是比較困難的。《普曜經》（卷三）裡即曾明言提婆達多「常自貢高，自謂為可，不肯折伏。常與菩薩（指『釋尊』）共諍威力」。

提婆達多雖然在種種比試中，都不如釋尊。但是若與一般人比較，他的世俗條件還是相當卓越的。依《四分律》（卷四）的記載，釋尊的重要弟子舍利弗即曾公然稱讚提婆達多「大姓出家，聰明，有大神力，顏貌端正」。提婆達多的好友晡刺拏（即：不蘭迦葉，為六師外道之一）也曾向他說過：「我常謂舍迦（釋迦）種內唯汝一個解了聰明」（《破僧事》卷一〇）。由此可見，提婆達多內心的自命不凡，也確實有相當程度的客觀條件在支持。

自命不凡的提婆達多，並不像一般好逸惡勞的公子哥兒。在他出家之後的前十二年間，也曾經下苦功精進修行，努力研究佛法。

《出曜經》（卷一四）曾經讚歎他「聰明廣學。十二年中，坐禪入定，心不移易。十二頭陀，初不缺減。……所誦佛經六萬，象載不勝」。禪定的修持、頭陀苦行的實踐、佛法的誦習，在這三方面他的表現都是可圈可點的。可惜後來退心了，《出曜經》說他「後意轉退，漸生惡念。意望供養，深著世利」。他開始想學神通，求釋尊與目犍連教他，未能如願。他立刻聯想到他們兩人是怕他神通學會了之後，就贏過他們，所以才不肯教授。他求舍利弗教他，也未能如願。他憤憤不平地認為，舍利弗的智慧與他自己相比，舍利弗是螢火蟲，他自己是日月……。

這些記載所透露的訊息，是自命不凡的提婆達多，對釋尊、對目犍連與舍利弗，他內心都是不服的。潛伏在他內心的一股心理暗流，就是有朝一日要贏過他們。這種心理暗流表現在行動上，就是處處要超越釋尊。至少釋尊擁有的，他也一定要擁有。

佛典中有不少他模仿釋尊的記載，說釋尊之佛身是金色的，提婆達多身上就去塗上金箔。釋尊可以食酥二斤，他也學著擴大食量而食酥二斤。釋尊說法時坐在高座上，他也學著昇高座說法……。這種東施效顰式的幼稚行為，當是編寫佛典的人對提婆達多的刻意醜化，應該不是史實。但是這類傳說也反映出一項事實，那就是提婆達多對釋尊確是硬不服輸的。

造成提婆達多叛佛破僧的導火線，是在他向釋尊爭取僧團領導權時，釋尊所說的那一段話。釋尊說：「僧團中人才濟濟，像舍利弗

具有大智慧，目犍連具有大神通。這兩位卓越的脇侍，我都沒將僧團領導權交付給他們了。難道我會交付給你這位『噉唾痴人』（吃口水的笨傢伙）嗎？」

這段話有兩樣內容讓提婆達多無法忍受。一樣是他一向看不起非釋迦族出身的舍利弗與目犍連，但是在釋尊心目中，他們兩人的境界卻遠高過提婆達多。另一樣是他為了巴結阿闍世王子而吃他的口水的故事，釋尊當眾提出來，使他難堪至極。

就這樣，他開始叛佛破僧。在《善見律毘婆沙》（卷一三）中，曾提到他對自己的破僧主張（五法）洋洋自得。他說：「瞿曇沙門亦有此法，（但是）不盡形壽。我今盡形壽受持此法」。意思是說，釋尊教團中雖然也教人修持五法，但是並非一輩子都要修持。不過，提婆達多所主張的，則是要盡其一生去受持的。

顯然的，在這段話裡洋溢著一份意在言外的喜悅。那就是，一向不服釋尊的提婆達多，這一回他覺得是可以超越釋尊了。

四、對舍利弗、目犍連的敵視

舍利弗與目犍連是兩位情逾兄弟、相交莫逆的同鄉好友。他們原是六師外道之中的刪闍耶的兩大弟子。後來受到馬勝（Aśvajit，又譯阿說示）比丘的啟發，而一齊改信釋尊。不久，又證得阿羅漢果。由於在各方面的表現都相當傑出，因此乃成為釋尊弘化事業的左右手，並被稱為「雙賢」。在釋尊晚年，他們已經成為師兄弟中聲

望最高的比丘，而得到多數人的尊敬與信服。

提婆達多是個領袖欲極強的出家人。面對舍利弗、目犍連這兩位極可能成為釋尊之接班人的師兄弟，當然內心會有遭到挑戰的威脅感。仔細分析這兩人對提婆達多所造成的威脅，大約有下列幾項因素：

㈠舍利弗與目犍連都是婆羅門出身，都不是釋迦族。不是釋迦族出身，但在僧團裡的地位卻高於其他釋迦族的師兄弟，這對於提婆達多一系的釋迦族比丘而言，當然會覺得不是滋味。這一點，只要參閱本章第二節〈釋迦族王子的優越意識〉文中所述，當可理解。

㈡舍利弗與目犍連兩人的能力，與提婆達多才能的領域相同。舍利弗在佛法義理方面的理解，師兄弟中無人能出其右，因此號稱「智慧第一」。目犍連的「神通第一」更是遠近馳名。而提婆達多在佛法中的特長也是這兩方面。他出家之後的前十二年間「聰明廣學」、「誦佛經六萬、象載不勝」（《出曜經》卷一四）。後來又學得神通，並以神通獲得阿闍世的信賴。儘管如此，在這兩方面的成就，提婆達多還是遠不及舍利弗與目犍連。提婆達多既然有意成為僧團第二代的領導人，但卻在才能方面顯然比不上競爭的對手，這當然是一項隱憂。

㈢釋尊一再地稱讚舍利弗與目犍連。說他們是「最為上首」的弟子，說他們「智慧無量，神足第一」……。這樣的稱讚不唯使他們在僧團中享有極高的聲望，而且也凸顯了兩人的接班人氣勢。這

情形當然也不是提婆達多所能容忍的。

在這種背景之下，提婆達多陣營採取的對策是恣意地鄙視、污蔑舍利弗與目犍連。四伴黨之中的俱伽梨污蔑他們兩人與牧牛女有染，並到處宣揚其事；偷蘭難陀比丘尼說提婆達多與四伴黨是「龍中之龍」，說舍利弗、目犍連兩人是「下賤人」、「小驢子」；提婆達多也曾罵他們兩位為「惡欲比丘」⋯⋯。

但是一切污蔑與醜化仍然搖撼不了他們兩人在僧團中的地位，釋尊對他們的信賴仍然分毫不減。這樣的情勢，當然會使提婆達多的叛離心理更為加重。因此，舍利弗與目犍連兩人的存在，應該也可視為促使提婆達多叛離僧團的側面原因之一。

除了舍利弗等二人之外，釋尊也對大迦葉甚為重視。大迦葉在十大弟子之中，號稱「頭陀第一」，釋尊曾當眾將座位讓出半座給他，可見他受釋尊重視的程度。而且他修的是頭陀苦行，與提婆達多的主張及特長也有同質性。但是由於大迦葉常住阿蘭若，勤修苦行，並不常參與僧團事務；而且年事已高，與提婆達多爭領導權的可能性較低，因此較不具威脅性。提婆達多之叛離釋尊僧團，與他較少關係。

五、阿闍世的護持

釋尊之世，印度的政治形勢是列強分立的局面。當時由各種族所組成的國家之中，有十六大國是佛典中所常見的。如前所述，在

這十六大國裡，摩揭陀與憍薩羅國是其中的兩大強國。憍薩羅國（又譯「拘薩羅」）毘琉璃王在迦毘羅衛城屠殺釋迦族的故事，前面已經敘述過。而摩揭陀國的阿闍世太子，則是提婆達多從事破僧叛佛運動事件的主要護持者。

阿闍世太子的父親頻婆娑羅王是釋尊的虔誠皈依者，但是阿闍世本人在即位前對釋尊並不信服。因此，當提婆達多提出「一為新王、一為新佛」的密謀時，急於登上王位的阿闍世立刻答應。這件王舍城（摩揭陀國首都）的政治與宗教變革運動，於斯展開。

對雙方面的主事者而言，這件事其實有相當大的冒險性。因為如果事件失敗，兩人身敗名裂、無法善終的結局是可以逆料的。不過，像這樣的大事件，主事者當然在事前會有仔細的評估。阿闍世左右王舍城政局的實力、與提婆達多的宗教聲望及其群眾基礎，在彼此雙方心目中應該都有相當程度的信任。否則當不會貿然起事。結果是阿闍世篡位得逞，而提婆達多也大體達到分裂僧團的初步目標。（有關阿闍世護持提婆達多的過程，請參閱本書〈提婆達多的支持者〉一章第二節。茲不贅述。）

結合阿闍世的力量以為自己的奧援，這是提婆達多的破僧叛佛計畫之一。因此，如果阿闍世拒絕與他合作，則破僧事件之進行必然受阻，這是可以推想得知的。而事實也證明阿闍世的護持確是促成破僧事件的重要推動力。可見提婆達多的叛離釋尊，阿闍世的護持也是關鍵所在。

六、對釋尊某些看法的不滿

　　雖然提婆達多對佛法的核心理趣大致接受，但是從他破僧之後的主張看來，他對釋尊教育弟子的修持方法，確是不甚認同的。提出這種有異於釋尊教法的主張，依佛典所載，都認為是他為了迎合大眾、沽名釣譽的舉措。不過，傳到後世的佛教文獻，刻意醜化提婆達多的傾向是相當明顯的，其中所作的評斷，並不盡然可以採信。我們認為提婆達多在修持方法等方面，應該是有一些看法與釋尊頗異其趣的。

　　首先是對五法的強調。這是提婆達多所提出之見解中最惹人注目的一點。這一主張的特點，就是刻苦修行，則較易解脫。在當時的印度宗教界，苦行風氣相當普及。提婆達多提出這一看法，正是當時修行風尚的反映。而且，這五法的提出，也顯示出傳統苦行態度與釋尊之中道修持態度的不同。

　　其次，他也主張心動妄念即是犯戒；髮爪都有生命，因此不必剃髮剪爪；而且也嚴格規定不可傷害草木（見《薩婆多毘尼毘婆沙》卷三）。

　　提婆達多這二種主張，都與耆那教的風格頗為相似。耆那教主張苦行主義，與提婆達多五法的苦行風格相同；此外，耆那教認為植物與無機物中也有靈魂，並嚴守不殺生戒，這與提婆達多主張的不食魚肉、不可傷害草木、不剃髮剪爪也若合符節。

　　耆那教即佛典中常出現的尼乾（犍）外道。該教的主張在佛典中也常被釋尊破斥。提婆達多與釋尊所常破斥的外道有相似的看法，而在某些方面也與釋尊大唱反調。這些現象多少反映出他在修持理論及方法上，對釋尊的主張是有所不滿的。這一點當也是促使他立意脫離釋尊僧團的原因之一。

七、權力欲、領袖才能與群眾魅力

　　就世俗角度來衡量，促使提婆達多叛佛破僧的重要原因，當是本身所具的權力欲、領袖才能，以及能獲得不少群眾的支持。

　　提婆達多在很多方面，都明顯地表現出他具有強烈的權力欲與領袖才能。這兩方面的兼具，使他對釋尊的敬意不像阿難等人那麼深重，也使他一再地以釋尊為假想敵而做出悖逆的行為。

　　在權力欲方面，他可以當面向釋尊索取僧團的領導權。索取不成之後，又可以與阿闍世合謀要使自己成為「新佛」，這些異乎尋常的行為都顯示出其人之權力欲是如何的高漲。

　　提婆達多出身於自命優越的釋迦族貴族階級，平素所受宮廷權力爭逐風氣的薰陶自然較平民為重，加上他在才能方面又與難陀、釋尊並列為釋迦族的三傑。雖然有遜於釋尊，但是他生性堅毅，不易屈服，與釋尊一較長短的心理一直存在著。這些因素，都可以促成他內心權力欲的不斷生長。

　　此外，在領袖才能方面，提婆達多也並非泛泛之輩。在群眾方

面，他有四伴黨、六群比丘、釋迦族出家眾及五百比丘的支持，要擁有這些群眾，如果沒有相當程度的才能與領袖魅力是不太可能的。在謀略方面，他提出具苦行傾向的五法；又與阿闍世合謀；在看到舍利弗、目犍連加入自己的新僧團時，他可以不計前嫌地表示歡迎；凡此種種都顯示出他的領袖才能並不尋常。

權力欲與領袖才能是領導人才不可或缺的二項條件。有權力欲而無領袖才能，結果往往陷入空想，難成氣候。有領袖才能而無權力欲，則成為領袖的意願不高，當然更不用談。然而，在提婆達多身上，這兩項條件是都具備的。加上其他因緣的配合，乃使他一而再、再而三地走上這一條不歸路，而無法自拔。

權力欲的推動、領袖才能的運作，加上各種因緣的配合，理想的結局便是形成一股群眾勢力。從種種跡象來看，提婆達多可以說是具有群眾魅力的。四伴黨是他的參謀集團、不少釋迦族出家眾也對他推心置腹，加上六群比丘、五百比丘等人的支持，乃使他在王舍城快速地形成一股新興的宗教勢力。這股勢力自然會使提婆達多增加自信。取代釋尊成為新佛的信念，也自然會更為加強。

八、結　語

從整個提婆達多的叛佛破僧事件中，可以看出其中蘊含著幾項明顯的對立心態與看法。心態的對立、看法的衝突，導致王舍城的佛教僧團分裂為二，也使提婆達多終於成為佛教史上第一位公然與

釋尊教團決裂的 「惡人」。這些對立的心態與看法，至少有下列三項：

　　㈠世俗權力心態與宗教導師心態的對立：提婆達多破僧害佛的關鍵，在於他向釋尊求索僧團領導權之未能如願。求索未得，乃以武力或權謀相逼，這正是世俗權力鬥爭的常態。提婆達多耗費如許重大力氣、而且甘冒叛師悖倫的惡名，主要目標是要成為釋尊之後的僧團領袖。如果不是用惡劣手段去爭取，那麼，單純這種想成為眾人之上的領袖欲、或號令群倫的權力欲，在世俗社會中並不是什麼壞事。

　　但是，對於一個佛教出家人而言，這種心態便易惹人非議，因為它與個人的出家身分是不相符應的。出家，象徵對佛法的認同。認同佛法的人，基本修持目標是努力袪除內心的貪嗔痴三毒。然而，爭取領導權、滋長權力欲，正是個人貪欲熾盛的表徵。一個真正對佛法的終極目標有所嚮往的出家人，除非將領導僧團視為渡化眾生的手段，否則是不會隨順個人的權力欲去謀奪爭取的。

　　從提婆達多的整體破僧過程來看，我們看不出他真是為了渡化眾生才從事破僧活動，倒是其人自命不凡的權力欲及領袖心態則是昭然若揭。他對佛法的終極目標、對解脫的境界並沒有真切的體會。因此，他才會為了若干微不足道的原因（如提倡具苦行傾向的「五法」）而與釋尊教團分裂。他似乎將釋尊領導僧團渡化眾生之「無私無欲」的宗教導師地位，視如社會上的一般族群領袖。他未

能體會一個真正如實的宗教導師是「不為自己而只為他人」的，這與一般社會領袖之「一將功成萬骨枯」的形態，其差異確實無法以道里計。

提婆達多這種世俗的領袖欲，不只與釋尊之宗教導師心態形成鮮明的對比。即使是釋尊的弟子群中，也不乏視名利、權位如草芥的真正修行者。當目犍連被外道突襲、傷重將死之際，與目犍連相知莫逆的舍利弗也向釋尊道別，而以禪定力量使自己入無餘涅槃。

如果舍利弗有一絲絲領袖、權力欲，則「雙賢弟子之一的目犍連即將逝世，將來的釋尊接班人不正是非自己莫屬嗎」？但是，對一個證得阿羅漢果的聖者而言，這種念頭是不會生起的。他們對世俗的五蘊生命尚且無一絲毫戀棧，更何況是那些裝飾五蘊生命的名利權位？

這正是世俗價值與宗教（佛教）修持價值的異趣所在。提婆達多追求的是世俗價值，而釋尊及舍利弗等人所追求的，則是與世俗價值背道而馳的「無執的超越價值」。

㈡釋迦族出家眾與非釋迦族出家眾的對立：從現有文獻看來，這種情勢是釋迦族出家眾的優越意識所造成的。這種優越意識所形成的驕慢心態，使某些釋迦族出家眾無法忍受其他種族的大德（如舍利弗、目犍連）成為僧團的傑出指導者；也無法忍受他們必須向某些出身卑下階級的尊者（如優波離）禮敬求法；也無法忍受「佛是我家佛、法是我家法」的局面會隨著釋尊的逝世而改變……。

　　具有上述驕慢心態的出家眾，為數並不算少，更何況這種心態是很容易傳染的。因此，當具有領袖風範的提婆達多「揭竿而起」時，乃有相當多的群眾（釋迦族人或黨同釋迦族者）隨之趨附。

　　當然，造成這種對立情勢的釋迦族人，也只是所有釋迦族出家眾的一部分。因為，真正追求解脫境界的誠懇修行者，或已臻阿羅漢境界的解脫者，很少人會具有這種「釋迦族必優於他族」的情結。顯然的，釋迦族人之能誠懇修行者，也當不在少數。出身釋迦族的阿難、阿那律、難陀、羅睺羅、大愛道夫人等人的勤懇修行，不就是明顯的事例嗎？

　　㈢苦行與中道行的對立：苦行是一種修行方式，它的特質具有折磨自己身心的傾向，這與中道行之具有智慧內涵是頗為異趣的。苦行是古代印度相當流行的風習。釋尊成道前，也曾在苦行林修持過六年，後來覺得它並非正道才捨棄不修，最後終於悟得「解脫須以正見為核心」而不是徒恃苦行。

　　但是，這樣的看法並不是所有人都能相信的。因為苦行者折磨自己的方式，較易為他人所感受，而中道行者修持時所掌握的智慧，則不易為人所察覺。一般人看到修行者在以閉關、斷食等方式修苦行時，常會肅然起敬，但卻少有人會去觀察、思考那些苦行方式的真正意義。正因為如此，當提婆達多提出具有苦行傾向的「五法」修持方式時，乃有不少出家眾會隨即接納而成為他的信徒。

　　這種接受苦行的修行心理，也象徵著傳統印度的主要修行方向

（苦行）在當時仍然根深蒂固地存在著。釋尊所提出的中道行主張仍然存有相當程度的阻力。

提婆達多派

一、佛典對提婆達多的另一種詮釋或辯解

提婆達多逝世之後，他的這一派信徒在印度宗教史上的活動情形及發展過程，由於文獻不足，我們無法知道詳細的內容。但是，依據目前僅有的史料，我們可以確知印度歷史上確實有提婆達多派。

在正式介紹提婆達多派之前，有些經典對提婆達多其人其行的不同尋常的詮釋或描述，是必須先瞭解的。這裡所謂的「不同尋常」，是指與尋常經律之大力闢斥提婆達多者頗異其趣而言。一般經典或律藏，在描述提婆達多時，最常見的模式是先敘述他現世的惡行，然後再敘述在過去世他也是如何如何地為惡、如何如何地謀害釋尊。不過，下面要介紹的經典，所敘述的方向與上面所說的頗為不同。而且，從其中所顯示出來的信息，也使人可以隱約窺見在釋尊逝世之後，印度佛教界確實存在著一股為提婆達多平反的潛流。這股潛流不只滲透到南方佛教圈，而且也延續到北傳佛教界來。

㈠《彌蘭王問經》：首先要介紹的是流傳在錫蘭等南傳佛教地區的《彌蘭王問經》。經中藉著彌蘭王與那先比丘的問答，凸顯出當時佛教徒所關心的若干問題。這部經雖然與北傳漢譯的《那先比丘經》是同本異譯，但是漢譯本的分量比南傳本簡略甚多。像這裡要介紹

的提婆達多問題，在漢譯本之中就隻字未提。因此，這部佛典對提婆達多所提出的某些看法，可以說是屬於南傳佛教界的。

在《彌蘭王問經》第五品裡，彌蘭王向那先比丘提出他所習知的某些有關提婆達多的看法。這些看法約略可以歸納為下列兩點：

1. 提婆達多與釋尊在過去世時，常常生在一處。其中，有多生多世是提婆達多的名望、地位都高於釋尊。有若干世代，是二人名望、地位相等。有些時候，提婆達多生而為人，而釋尊在當時則生而為象、鹿、猿、豬等。有時候，釋尊還曾經是提婆達多的兒子。

2. 提婆達多在過去世為主政者之時，曾經建造橋梁、房舍以施予沙門或貧窮之人。因此得以生生世世獲得福報。

在早期的經典與律藏之中，提婆達多的前生往往是十惡不赦的惡人，但是在《彌蘭王問經》裡則一反此種價值判斷方式，而傳出這種「過去世優於釋尊、且多行善舉」的傳說。這種應用本生談或因果報應故事來凸顯某一人之善惡形相的方式，與早期經律所用的方式相同。然而，大異其趣的是前此之「必以釋尊為善為尊」的價值判斷公式，在這部經中已經出現「提婆達多也曾經較釋尊更為尊貴」的新觀點。

雖然這種新觀點不是佛教界的主流思想，但卻可以視為流傳在民間的潛流思想。這種新觀點的出現，象徵從印度傳到錫蘭的佛教界，已經有人對傳統之一面倒地大罵提婆達多的態度並不滿意。

㈡《興起行經》：上述南傳的《彌蘭王問經》描述的提婆達多，是個前生積聚福德而導致後世出身尊貴的眾生。此外，後漢傳到中國的北傳漢譯佛典《興起行經》，則更進一步描述過去世釋尊曾經危害提婆達多的因緣。《興起行經》又名《十緣經》，這是一部內容大異於一般本生經的佛典，因為經中所提出的，是十種釋尊在過去世所造作的惡緣。這與尋常所見本生類經典之多談釋尊善業的情形完全相反。

《興起行經》的第七段故事就是〈地婆達兜擲石緣經〉，敘述的就是提婆達多（地婆達兜）為什麼會推石傷害釋尊足指的因果原委。經中記載：在過去世，在羅閱祇（王舍）城有一位名叫須檀的長者，家財萬貫，有子二人。長子叫做須摩提，次子叫修耶舍。兄弟二人是異母兄弟。在須檀長者命終之時，須摩提為了獨吞父親遺產，乃設計謀害弟弟修耶舍。他將修耶舍騙到耆闍崛山上，在山上的懸崖邊將修耶舍推落懸崖，並且還用石頭往下擊斃修耶舍而奪得家產。

經中指出，須摩提就是釋尊的前身，而當時的修耶舍就是今日提婆達多的前世。釋尊由於這一段惡業因緣，曾經使自己在地獄中受苦幾千年。但是惡業的宿緣仍然殘存若干。因此，即使他今生已經成佛，仍然不能免除此一果報。這就是今生他仍會受到提婆達多推石傷足的原因。

㈢《大方廣善巧方便經》：此外，在《大方廣善巧方便經》（卷四）裡，也提及釋尊在往昔之世修菩薩道時，提婆達多總是與他在

一起。提婆達多扮演的角色，是用各種方式來圓滿釋尊的六波羅蜜。
譬如釋尊在欠缺布施波羅蜜時，提婆達多就來向他乞求施物；在訓
練持戒、忍辱等德目時，提婆達多就來多方騷擾與試鍊，釋尊就在
這些試鍊裡，逐步完成了菩薩道的六波羅蜜（即：布施、持戒、忍
辱、精進、禪定、般若等六種實踐德目）。所以，經文說：

> 彼提婆達多雖來我所，伺求嬈害，而能令我圓滿六波羅蜜多，
> 能令眾生得大利益。

這部經典對提婆達多的這種描述，雖然用意是在彰顯釋尊面對
挫折、橫逆時的應對善巧，但是同時也隱約烘托出提婆達多的另一
種角色功能。對提婆達多行為的詮釋，這部經典與阿含、律藏等文
獻之「集眾惡於其一身」的方式，顯然是不同的。

　　㈣《法華經》：前述《興起行經》之所載，是為提婆達多的現世
殺佛惡行作詮釋，而《大方廣善巧方便經》則是為他過去世的罪行
作開脫。到《法華經》出現於世之時，提婆達多更一躍而成為教授
釋尊《法華》要義、幫助釋尊成佛的大善知識。

　　依《法華經》〈提婆達多品〉所載，釋尊在過去世中的某一世是
一位國王。當時有一位仙人熟諳《法華經》的大乘法門。由於他的
傳授，使釋尊才能依教奉行而證果成佛。而提婆達多也將會在無量
劫之後，證得佛果，叫做「天王如來」。在〈提婆達多品〉中，有關

提婆達多的惡行隻字未提，所敘述的是他如何幫助釋尊、及將來如何成佛的原委。

㈤《大方等無想經》：在上述三部經典之中，《興起行經》與《大方廣善巧方便經》是用過去世的因緣來化解提婆達多的犯罪惡行；《法華經》也是用過去世的事例來說明他對釋尊的傳法恩典，並預言他的未來果位。這種用過去世因緣來化解現世行為疑竇的方法雖然是佛典中常見的方式，但是對某些人而言，則較難理解。因為這些人不容易相信這類猶如神話的詮釋。他們較能接受的是：如果提婆達多不是惡人，那麼對他所犯的惡行就必須要提出正面、直接的理由來說明。

關於這一點，在《大方等無想經》（卷四）中即有直接的、正面的解說。經中敘述一位名叫善德的婆羅門，一向對提婆達多的行為有極深的厭惡，對於被稱為「一切智者」的釋尊何以允許這位惡人出家也感到懷疑。因此他向釋尊提出詢問。這時候，大雲密藏菩薩「承佛神力」，為善德婆羅門作出相當明確的正面解答。他的解答大體可以歸納為下列幾項：（引號中所引文句為經典原文）

1. 提婆達多並不是惡人，也沒有對釋尊忘恩負義。他的行為與如來相同。「如來業行即是提婆達多業行。一切眾生不能開顯如來世尊真實功德，提婆達多能開示人」。甚至於六群比丘之所行也同於佛陀所行，並非弊惡之法。

2. 提婆達多傷害釋尊（出佛身血）是一種善權方便，是不可

思議境界。事實上,如來身上並未因此而出血。

3. 提婆達多之破壞(分裂)僧團,也是一種善方便。事實上,
僧團是不可能被破壞的。

4. 釋迦族人是不會做惡行的。提婆達多是道地的釋迦族人,
他當然不會做惡行。如有所做,也是「為欲顯示釋迦如來
功德力故」。

5. 提婆達多並未「集地獄業」。他的所行所為實是菩薩業,「為
化眾生,故在地獄。當知實亦不處地獄」。

6. 提婆達多深知「一念惡,無量世中地獄受報」,因此,他是
決不會造惡的。

7. 在過去無量世中,提婆達多也不曾造作諸惡。因為,如果
他真的曾經造作傳說中的那麼多惡事,他自然會無量世中
都在地獄受報。然而,他今生又出生在釋迦族,且與如來
生於一世一地。由這一殊勝的因緣果報,就可以推知他在
過去無量世造惡的傳說是不確實的。

8. 提婆達多對釋尊的教訓是完全遵從的,「聞東則東,不違聖
旨」。

9. 提婆達多所具有的境界,極為崇高,「實非聲聞緣覺所知」。
釋尊所常稱歎的「黃頭大士」即是指提婆達多。

10. 因為提婆達多成就有無量功德,因此質疑者(善德婆羅門)
應該向他懺悔、恭敬、供養、尊重、讚歎。一切佛弟子如

果能對提婆達多的功德「了了不疑」，才是真正的佛弟子。

11.如來的境界崇高無比，不只一切眾生無法了知，即使是聲聞緣覺也「實所不知」。唯有提婆達多「能得了知」，而且「能示現如來所現無量神通，能示眾生如來所行，知佛如來所有國土，……如來所遊在在處處，提婆達多亦隨逐行」。所以，提婆達多是「大丈夫」。

在經文中，還提到釋尊對於上面這些陳述都表示嘉許。並且，也再度強調提婆達多的真實功德確實非二乘（聲聞、辟支佛）所能瞭解。

初步的研判，上面所提到的《彌蘭王問經》與《興起行經》（尤其是其中的提婆達多相關部分），大約出現於西元後之初期。至於《法華經》與《大方等無想經》二書，更可確定為西元後始告流傳的大乘經典。因此，至少到西元後，印度佛教界對提婆達多其人其行的判斷，已經有相當大的改變。提出這種新判斷的人是不是後世提婆達多派的信徒，我們無法斷言。但是，從這些言論的詮釋方式，至少可以瞭解即使在佛教內部流傳的文獻裡，也有一些維護提婆達多的聲音零落地出現著。這種聲音與早期佛典呵斥提婆達多「為惡深重」、「不見毫釐之善可稱記者」（《增一阿含經》卷五）的情形，確實是大異其趣的。

二、後世文獻所描述的提婆達多派

㈠東晉‧法顯《佛國記》：關於提婆達多派的記載，在現存的漢譯印度文獻裡無法找到。我們所能發現的資料，都是古代中國赴印度求法的僧人所撰述的。首先是東晉法顯的《佛國記》（即《高僧法顯傳》）中之所載。

法顯在五世紀初赴印度。《佛國記》 中記載到拘薩羅國舍衛城時，曾經有幾句話涉及提婆達多派。該文云：

> 調達（即提婆達多）亦有眾在。常供養過去三佛。唯不供養釋迦文佛。

依據法顯的記載，當時的舍衛城有十八處佛寺，也有九十六種外道，可見提婆達多派的信徒是當時舍衛城多種宗教徒之中的一種。文中所謂的「常供養三佛」，應該是指佛典中所常載的拘留孫佛、俱那含牟尼佛、迦葉佛而言。

這三佛加上釋迦牟尼佛，便是所謂的「賢劫四佛」。依照佛教的說法，賢劫（佛教宇宙觀中之一時間單位）之中會出現一千位佛陀，其中的前四位就是賢劫四佛。這四佛在釋尊涅槃之後，又被合稱為「過去四佛」。

提婆達多派的信眾只供養過去三佛而不供養釋尊，可以看出這

一派的堅持，也使人隱約窺見提婆達多在生前叛佛破僧所形成的歷史陰影。此外，有一點也是值得注意的。這就是他們並沒有將提婆達多取代釋尊而成為第四佛，也沒有將提婆達多供奉為賢劫第五佛。可見提婆達多生前之自立為「新佛」並沒有獲得後世信徒的承認（至少沒有公開承認，否則法顯必有所聞）。

　　㈡唐・玄奘《大唐西域記》：除了東晉的法顯之外，七世紀時（唐太宗貞觀年間）前往印度的玄奘，也曾見過提婆達多派的信徒。在他的《大唐西域記》（卷一○）「羯羅拏蘇伐剌那國」部分，記載這個國家有佛寺十餘所，天祠五十餘所，並且「別有三伽藍，不食乳酪，遵提婆達多遺訓也」。可見在西元 640 年前後的印度，還有遵循提婆達多「五法」（至少是其中之一法）遺規的信徒。

　　㈢唐・義淨《根本說一切有部百一羯摩》：唐代在印度見過提婆達多派信徒的僧人，除了玄奘之外，還有義淨。義淨大約晚玄奘四十餘年至印度。回國後也頗有譯述。在他所譯的《根本說一切有部百一羯摩》（卷九）譯文中，對提婆達多派有一段附注說明。根據這段附注，可以知道當時印度提婆達多派的若干特徵：

　　1.義淨文云：

　　現今西方，在處皆有天授（即提婆達多）種族出家之流。

　　　可見在七世紀下半葉的印度，提婆達多派的信仰還頗為流行。

2.文云：

所有儀軌，多同佛法。至如五道輪迴、生天解脫、所習三藏，亦有大同。

從這段文字可以看出提婆達多派在儀軌、教義、修行目標及思想依據（三藏）方面，與佛法有相當大的交集。既然說有「大同」，可見二者之間僅有「小異」。依據提婆達多生前的主張，「小異」應該是有關衣食住方面的「五法」吧！

3.文云：

無大寺舍，居村塢間。乞食自居，多修淨行。胡蘆為鉢，衣但二巾。色類桑皴，不食乳酪。

這是對該派僧人之簡樸生活方式的描述。修行風格類似佛教教團中的頭陀行。

4.文云：

（該派信徒）多在那爛陀寺雜聽諸典。

這派信徒常到當時的佛學中心那爛陀寺聽講佛法，可見其與佛教信仰之同質性必定甚高。基本上，該派應該是認同佛教之核心義理的。

5. 文云：

曾問之曰：「汝之軌式，多似大師（指釋尊），有僻邪處，復同天授（指提婆達多）。豈非天授之種胄乎？」彼便答曰：「我之所視，實非天授。」此即恐人嫌棄，拒諱不臣耳。

義淨這種「恐人嫌棄」的解釋固然不無道理，但是從他們不敢承認自己的「祖師」的態度，也多少可以反映出後世提婆達多派心目中的提婆達多，其宗教地位並沒有崇高到不可侵犯的地步，否則應該不會不敢承認自己教團的創始人的。而文中的「汝之軌式，多似大師」句，也可以反映出提婆達多派與佛教教團在儀軌上的相近。

三、結　語

綜合上面所引的零星史料，我們大體可以歸納出提婆達多派的幾項特質：

㈠提婆達多派是一個經過改裝的佛教團體：如果將佛法僧三寶當做佛教的門面或象徵，那麼提婆達多派也依循佛教的傳統建立了

他們的三寶架構。只不過其中的「佛」是過去世三佛而未包含釋尊。「法」則堅持「五法」,「僧」則是自舊有僧團分裂出來,然後再代代繁衍、傳承下來的修行集團。

　　表面上看,他們所建立的是「邪三寶」(《開元錄》卷一八),是邪教。以傳統佛教教團的觀點來衡量,當然不能認同他們是佛教教團的一員。但是,如果自歷史發展的角度、並且站在中立的學術立場觀察的話,則不能不說他們這一派也可預佛教之列。只不過是「經過改裝的佛教」而已。

　　如果在改裝過後,使三寶的面目全非,使佛教的本質受到澈底的摧毀,那麼這樣的新派別當然不能視同佛教。不過,提婆達多派在這方面是不至如此的。

　　提婆達多派供養過去三佛,因此,雖然由於創始人提婆達多與釋尊的對立而使該派不供養釋迦牟尼佛,但是,該派之「尊重佛寶」的信仰仍然可以從尊重過去三佛而顯現出來。

　　在法寶方面,雖然他們「堅持」五法而為釋尊所呵斥,但是釋尊所呵斥的並不是五法本身,而是不拘根器地全面推行五法,以及假借推行五法之名,而行分裂佛教教團之實。如果以現代的大學課程作比喻,釋尊主張的是因材施教。某一課程之是否必修,須審視學生素質之是否適合,並不可以僵硬地限定為非修不可。提婆達多在這方面的錯誤,是將選修課規定為人人必修,有違因材施教的教育原理。不過,他所規定必修的五法,其實仍然源自佛法。也因為

如此，《毘尼母經》（卷四）才會明文謂「提婆達多五法不違佛說」。

此外，有一點也是必須一提的，這就是提婆達多派對佛教的核心義理——緣起、三法印等內涵，仍然是信仰奉行的。所有現存的佛教文獻裡，我們並沒有發現提婆達多及其後世信徒反對佛教核心義理的記載。而且，從前引義淨文中，也可以看出這一派對佛法還是信服的。可見該派在「尊重法寶」這一標準上，似乎還不算離經叛道。

至於在僧寶方面，原始的提婆達多派（即追隨提婆達多的徒眾），大多來自釋尊的僧團。後世的提婆達多派則係從原始的提婆達多派所繁衍下來的，除了在修行方式堅持「五法」的傳統之外，其實與正統佛教僧團並無大異。

所以，從佛法僧三方面來衡量，這一派雖然不供養釋尊，但是他們的佛（三佛）、他們的法、他們的僧團結構，絕大部分都來自釋尊的教導及正統佛教教團的演化。所以，就這一派的信仰內容及實踐方式來看，其實是可以歸類為佛法的支系的。

㈡提婆達多派是佛教史上第一個宗派：如果將印度的部派、以及漢傳、藏傳、日本等系的各種分宗立派都可以用廣義的「宗派」二字來概括的話，提婆達多派應該也可以納入佛教宗派行列之中，而且是佛教史上第一個分裂出來的宗派。

一個佛教宗派的成立要件，應該是須具有特殊的主張、有自己的三藏、以及具有自己的教團及儀軌。這些要件，我們可以從零星

史料中發現提婆達多派都已具備。而且，該派成為一個宗派，其實在印度是一個發展一千餘年的歷史事實。

問題的關鍵有兩點。其一，創始者是個叛佛、殺阿羅漢的惡人，這樣的惡人所創始的宗派可以算是佛教的宗派嗎？其二，這一派的徒眾不尊崇佛教教主釋迦牟尼佛，這樣的團體可以算是佛教宗派嗎？

這是見仁見智、可以各抒己見的問題。換句話說，如果角度不同，則回答這兩個問題的答案便可能互異。譬如從保守派佛教徒的立場來看，要承認這一派為佛教宗派的可能性便顯得微乎其微。但是，如將害佛殺阿羅漢等罪行視為後世佛教徒的附會（現代學術界多認為如此），則分裂教團（破僧）與不服釋尊的行徑似乎較有轉圜的餘地。此外，如果採信前述《大方等無想經》的善權方便說，相信提婆達多是個境界崇高的大菩薩，則問題更可迎刃而解。

如果不能採信上述觀點，另有一種方式是將提婆達多與後世的提婆達多派信徒不畫上等號，則第一個問題便可迎刃而解。因為後世的提婆達多派只是一群依照前人教導而學習「五法」的修行者而已，並不須要為提婆達多的惡行揹負歷史責任。

至於第二個問題，也可以由他們的崇拜過去三佛而得到紓解。他們雖然不尊崇釋尊，但卻尊崇三佛。對這三佛的崇拜是釋尊所教導的、甚至於對五法的堅持也是自釋尊所傳法門中所選擇出來的。可見他們對釋尊其人雖然沒有儀式上的供養行為，但是對釋尊的教導，其實也是（部分地）依教奉行的。

　　後世日本的淨土真宗只供奉阿彌陀佛而不供奉釋尊，堅持「信即往生」而不修雜行。具有這樣的風格，但仍不礙其為日本的一大宗派。就這一角度來衡量，提婆達多派與淨土真宗不是頗為相似嗎？

破僧事件與後世佛教的
分宗立派

一、佛教徒闢斥提婆達多破僧事件的主要原因

　　提婆達多的破僧事件，在印度佛教史上一直被正統佛教徒認為
是一件極大的惡事。因此而制訂出來的戒律，更將提婆達多這種破
僧行為，判定為必須下地獄的波羅夷罪行。然而，依現代學術界的
眼光來看，這一事件只不過是由於提婆達多的修行看法與釋尊不同
所引起的分派活動而已。

　　既然這一事件的歷史框架只是這樣，為什麼釋尊之世以及後世
的佛教徒會對這件事如此深惡痛絕？筆者以為，下列幾項原因是最
不能忽視的。

　　㈠提婆達多對釋尊的不敬與不服：釋尊是佛教的創教者，也是
所有佛教徒的生命導師，大家對他的敬意是不言可喻的。但是在整
個破僧事件裡，提婆達多的種種行為就明白地顯示出對釋尊的不敬
與不服。從最初的學習神通開始，釋尊不願教導，而提婆達多硬是
要學。最後還是從師兄弟中得到方法而學習有成。這種行徑與一般
為弟子者的態度是大異其趣的。其次是以神通去結合阿闍世，甚至
於當眾向釋尊要求交下僧團的領導權。此後，又到處宣傳「五法比

釋尊的八正道要好」。這一切行為，不只有失弟子應有的恭敬心態，而且已經像是公然挑戰了。

　　在學習心理上，任何人對自己所選擇的師父的挑戰，往往會讓身為弟子者感受到它也是對自己的挑戰。提婆達多對釋尊的不敬與不服，讓當時與後世的佛弟子也感受到對自己選擇力與判斷力的質疑。從而引起的對提婆達多的各種反擊，也是可以理解的。

　　㈡提婆達多新教團對當時釋尊教團的發展威脅：綜合各種文獻的記載可知，提婆達多破僧活動的極盛時期，確實已到達可以搖撼釋尊僧團根本的程度。從阿闍世與釋迦族對提婆達多的支持、五百比丘的歸附、以及後世提婆達多派的綿延千餘年，這些記載都可以使後人體會到提婆達多集團的勢力，確實已經大到足以威脅釋尊教團發展的程度。

　　在這種情勢之下，如果確信釋尊所弘揚的才是正法，自然對提婆達多的「邪法」要加以駁斥與抑制。後世文獻中對提婆達多其人惡行的多種附會傳說，也許是在這種心態之下的佛教徒所展轉衍生出來的吧？

　　後代佛教史上的多次分宗分派，形態其實與提婆達多的破僧事件甚為類似，但是這些宗派仍然被認為是佛教，而未被大加撻伐的原因，我認為主要是它們並沒有包含上列兩項要件所致。

　　我們不妨涉獵一下後世若干新宗派的分裂活動的大略，並且揣摩它們與提婆達多的破僧有何不同。

二、根本分裂

　　印度佛教史上的第一次大分裂，通常都未將提婆達多的破僧事件算在內。佛教界所公認的根本分裂，是指整體教團分裂為上座部與大眾部之一事。這件事的原由，有南北兩種不同的傳說。南方的傳說就是促成吠舍離結集的「十事非法」事件。北方的傳說則是「大天五事」事件。不過，現代學術界大抵認為「大天五事」應與根本分裂無關。因此，這裡暫以「十事非法」事件為例，略加說明。

　　「十事非法」事件是有關戒律問題的諍論。大約在釋尊逝世一百年左右，印度吠舍離地方的跋耆族比丘在日常生活裡，有十項行為違背了傳統戒律。這十項大多是有關出家人的飲食與坐具問題，但其中最重要的一條則是出家人可不可以接受信徒布施金銀。

　　關於這十事，吠舍離的跋耆族比丘是認為如法的，但是從西印度到吠舍離的耶舍長老看到這一景象，感到大為不滿。他認為這是公然違背釋尊戒律的行為，因此乃號召東西雙方的長老們共七百人一齊來舉行戒律討論大會。這也就是有名的「七百結集」或「吠舍離結集」。

　　會議的結果判定這十事是不合戒律的，因此古來稱之為「十事非法」。然而，儘管開會的結果是如此，但是以吠舍離跋耆族比丘為主的甚多出家眾，對這樣的結論並不同意。因此他們另外也召開一次人數更多（據說有一萬人）的大會。會議的結果認為十事合法。

　　從此，佛教教團就分裂為上座部與大眾部二派。

　　像這樣的分裂，明顯的形成了「破僧」的局面。上座部與大眾部從此當然不會共同布薩，而且，依《大毗婆沙論》對「破僧」所下的定義是「立異師異道」。其中，大眾部比丘所從學的阿闍梨當然不會是上座部中人，這是「異師」。而對十事之判定為合法與非法，也顯然是「異道」。就分裂的情勢與內容來看，這與釋尊之世，提婆達多的破僧事件是頗為類似的。

　　就雙方的對立情勢來看，屬於上座部系統的《大史》一書，在第四章中就直斥跋耆族比丘為「無恥之徒」、「惡比丘們」，並指他們曾「詐騙」錫蘭國王云云。可見兩大陣營是水火不容的。

　　儘管如此，被認為不守戒律，成立「異師異道」的大眾部，在印度歷史上仍然被認為是佛教中的一派，並未被後人視為外道，而且也發展了數百年。

三、其他分裂史事舉例

　　印度佛教史上最大規模的分裂，應該是大乘佛教的崛起。西元後的大乘佛教，所根據的經典、論典，與部派佛教經論有極大的差異。信徒所崇拜的對象，除了釋尊之外，另有阿彌陀佛、藥師佛等未嘗出現於原始經典中的佛陀，以及觀音、文殊、地藏、普賢等諸大菩薩。在修行內容方面（如：六波羅蜜）也與部派佛教甚為不同。而且，居士地位提高，弘法者已經不以出家人為限。像維摩詰、以

及善財童子所參訪的在家善知識（見《華嚴經》〈入法界品〉）等人，都是以在家身分在各地弘揚佛法的例子。

這一切特徵，都顯現出這種佛法與部派佛教是「異道」，而這類佛法的教導者與弘揚者自然也就是「異師」。然而，大乘佛教在遭受部派佛教徒的抗衡之餘，仍然屹立不搖地發展千餘年，迄今仍存。

在《大般涅槃經》中，曾記載有人對大乘經的真實性表示懷疑。依《北本涅槃經》（卷七）所載，反對大乘經的人以為：釋尊從未講說大乘經。如果有所謂的大乘（方等）經，那一定是提婆達多所作。由於大乘經是惡人提婆達多所作的，因此無法相信。

《大般涅槃經》駁斥這種不信大乘經的言論。該經以為這種反對大乘的言論「是魔所說」。隨順這種言論的人「是魔眷屬」。

從上面這兩種不同立場的說法，可以看出大乘佛教出現之後，在印度確曾引起頗為明顯的對立情勢。儘管如此對立、如此不信對方之持論為佛法，但是大小乘佛教仍然各自發展千餘年，迄今不衰。

四、結　語

像上面所列的「異師異道」的例子，在歷史上還所在多有。像印度密教的經典不只不像原始佛法，而且與大乘經典也有甚大的區別。金剛乘所提倡的四皈依，以「皈依上師」置於「皈依佛陀」之前，更為其他大小乘佛教徒所難以信服。此外，淨土宗皈依阿彌陀佛；而歷代中日祖師之「尊自抑他」的判教宗旨，也與原始佛教的

價值觀大異其趣。

　　但是，這些分宗立派的事例，都不像提婆達多事件那樣。倡導者對釋尊的信服固是毋庸置疑，即使是信仰淨土宗的佛教徒，在他們心目中也是由於信仰釋尊的教導才去皈敬阿彌陀佛的。至於密教徒，則由於「佛佛道同」、「上師即佛」理念的貫徹，使他們也堅信這樣並無礙於對釋尊的信仰。而判教祖師所持的信念，也都是源自釋尊教法的啟發。質言之，後世這些分宗立派者對釋尊仍然懷抱崇高的信仰，並不像提婆達多那樣對釋尊不敬與不服。

　　此外，由於這些新思想的倡導者所持的是詮釋或推衍釋尊本懷的立場，與提婆達多之敵對性態度迥然不同，因此也不至使人懷疑他們會動搖到佛教發展的根本。

　　因此，儘管新宗派的倡導者所造成的「異師異道」的僧團分裂事實，與提婆達多的破僧形態甚為相似，但是由於動機與影響都不可同日而語，所以他們所得到的歷史地位也與提婆達多完全不同。

提婆達多本生故事選

一、本生故事選

　　這裡所選錄的是散載在佛教經律文獻中的本生故事。故事內容絕大部分是在描述提婆達多過去世的惡人事蹟。歷史上，以惡人身分而為後人撰述大量本生故事來加以咒罵的，提婆達多應該是相當具代表性的一位。

　　此下的每一則故事都是依經律文獻內容所編譯的。編譯的順序並未刻意安排。限於篇幅，內容無法詳述，僅能略述大意而已。每一篇故事的標題，為筆者所附加。故事之後的書名卷數，即為該篇故事的出處。

　　㈠龍王與咒師

　　〔緣起〕提婆達多對釋尊常懷惡意，而釋尊則以德報怨，對提婆達多總是慈心憐愍。弟子們向釋尊表示欽仰讚歎，釋尊因而敘述這段因緣。

　　〔故事〕往昔之世，迦尸國波羅㮈城有一龍王，名叫瞻蔔。這位龍王信佛持戒，常降雨以灌溉農田。當時有一位咒師用咒術要捕捉龍王，前後共計三次。當時龍王的部下要擊殺這位咒師，但都為龍王所阻。他以為咒師雖然不義，但仍應以慈心相待，不應以殺止殺。

釋尊說：「爾時龍王，今我身是也。爾時咒師者，提婆達多是也。我為龍時，尚能慈心數數救濟，況於今日，而當不慈？」

——《雜寶藏經》卷三〈提婆達多欲毀傷佛因緣〉

㈡共命鳥

〔緣起〕諸比丘問釋尊：「提婆達多是釋尊堂弟，為什麼會經常傷害釋尊？」釋尊乃敘述這段因緣。

〔故事〕往昔之世，雪山有一隻共命鳥。共命鳥有兩個頭，其中一頭常吃美菓以滋養全身。然而另一頭卻心生嫉妒，並取一顆毒菓進食。結果遂使共命鳥斃命。

當時吃甘菓以滋養身體的一頭就是釋尊，另一頭吃毒菓而斃命的就是提婆達多。

——《雜寶藏經》卷三〈共命鳥緣〉

㈢大海龜

〔緣起〕提婆達多僱五百位射手，持弓箭去謀害釋尊，為釋尊以神變折服。五百射手旋禮佛為師，出家修行。釋尊乃述說箇中因緣。

〔故事〕久遠以前的波羅㮈國，有一位名叫「不識恩」的商人率領五百人搭船前往海中尋寶。找到寶物之後，船在回程的海上遇難。眾人正在求救時，得到一隻大海龜的救援始能登上岸邊。然而，領隊不識恩居然恩將仇報，意欲殺死海龜以烹食其肉。儘管眾人求情，不識恩仍殘酷地下手誅殺。

　　當時的海龜就是釋尊，領隊不識恩就是提婆達多。而五百位隨從入海採寶的商人，就是今日的五百位射手。

　　　　　　　　　　　——《雜寶藏經》卷三〈大龜因緣〉

㈣雁王與雁臣

　〔緣起〕提婆達多放醉象害釋尊，當時五百位在釋尊身旁的阿羅漢都飛上空中躲避，唯有阿難守在釋尊身旁。事後釋尊說出這一因緣。

　〔故事〕久遠以前的迦尸國，雁王賴吒率領五百隻雁共同生活。雁王有一臣子，名叫素摩，對雁王忠心耿耿。有一次，雁王為獵者捕獲。當時五百隻雁，皆棄雁王而各自驚嚇四散。唯有素摩隨逐雁王，並且告訴獵者，請求釋放雁王，牠自己願意以身相贖。然而獵者不允，乃獻雁王給國王。國王與雁王交談過後，乃將雁王釋放。

　　當時的雁王就是釋尊，素摩就是阿難，人間國王就是今世釋尊的父親淨飯王。

　　　　　　——《雜寶藏經》卷八〈提婆達多放護財醉象欲害佛緣〉

㈤野狐王

　〔緣起〕提婆達多當眾向釋尊要求交下僧團的領導權。為釋尊所斥之後，乃轉而向大眾說法，吸引不少比丘為其徒眾。釋尊乃敘述此一因緣。

　〔故事〕過去世有一野狐，以暴力與謀略脅迫其他野狐為其部屬。輾轉又折伏象、虎、獅子等動物，因而自立為獸中之王。之後，

又以群獸包圍迦夷城，要強娶國王之女為妻。當時有一聰叡大臣獻計，終於打敗群獸。

當時的迦夷國王就是釋尊，聰叡大臣就是舍利弗，野狐王就是提婆達多，群獸就是今世提婆達多的徒眾。

——《五分律》卷三

㈥大力毒龍

〔緣起〕有人問《大智度論》作者（龍樹菩薩）有關持戒的問題。龍樹菩薩答以「菩薩持戒，寧失自身，不毀小戒」，並且說出這一故事。

〔故事〕釋尊在過去世曾經投生為大力毒龍。有一次，牠受一日戒，在林中坐禪。這時一位獵者將牠捕獲，擬將牠剝皮獻給國王。大力毒龍原本具有神力，但是由於持戒、修菩薩行，因此寧願被剝皮也不忍加害獵者。不只如此，在被剝皮後，牠還被小蟲咬食其身。當時牠誓願布施其身肉給那些小蟲，終至命絕。

當時的大力毒龍就是釋尊，獵者就是提婆達多。

——《大智度論》卷一四

㈦蓮華色

〔緣起〕破僧事件末期，阿闍世王對提婆達多逐漸疏遠。有一次，提婆達多欲入宮見阿闍世，為守門者阻止。守門者並謂係國王所下之命令。這時，蓮華色比丘尼剛好自宮門中出來。提婆達多因而懷疑係蓮華色挑撥離間，才使阿闍世對他不再信任。因此乃毆打

蓮華色，雖然蓮華色竭力辯解、苦苦哀求，仍然被毆打致死。釋尊乃敘述此一因緣。

〔故事〕在過去世的一個村莊裡，一隻老弱母羊遇到一隻豺狼，乃趨前問候豺狼。豺狼看到這隻母羊就勃然大怒，牠誣指母羊常踩到牠的尾巴，且拔牠的毛。儘管母羊苦苦哀求，最後仍然難逃噩運，終於被豺狼斷首食肉。

當時的豺狼就是提婆達多，老母羊就是蓮華色比丘尼。

——《破僧事》卷一〇

(八)公牛與驢子

〔緣起〕提婆達多不聽釋尊的忠告而墮入地獄。比丘們請問釋尊，為什麼提婆達多總是不聽釋尊忠言而墮地獄受苦？釋尊因而敘述這段因緣。

〔故事〕在過去世，釋尊曾投生為公牛。每天晚上，公牛都會到國王的豆園吃豆。有一天，一隻驢子問牠平常都吃些什麼，公牛據實以告。驢子因而要求公牛帶牠去。公牛答應了，但警告牠一定不要發出聲響，以免被守園者發現。驢子滿口答應。當晚牠們果然一齊前往。

當驢子吃了園裡的豆子之後，一高興就要唱歌。公牛制止之後，急忙出園。驢子就在後面大叫，因而被守園人捕獲，終被截去雙耳。

當時的公牛就是釋尊，驢子就是提婆達多。

——《破僧事》卷一〇

（九）馴象師

〔緣起〕目犍連請示釋尊，提婆達多隨佛學法，所誦佛經甚多，且得五神通，為什麼反而以驕慢態度對待釋尊？釋尊因而說出這段因緣。

〔故事〕過去世有一位馴象師，善於調教諸象，因而得到國王的優渥待遇。後來，馴象師收一位弟子，教他馴象之術。這位弟子在學習一段時日之後，便到國王面前自我推荐，並謂其馴象技術不亞於乃師。國王聽了之後，找來其師與他比試，結果弟子仍遠不及其師。

當時的馴象師就是釋尊，其弟子就是提婆達多。

——《五分律》卷二五

（十）烏龜與雁

〔緣起〕提婆達多罵舍利弗、目犍連為「惡欲比丘」，不久即墮地獄。目犍連向釋尊提及此事，釋尊乃說出此段因緣。

〔故事〕在過去世的阿練若池邊有二隻雁，牠們與池中的烏龜是好友。有一天，池水乾涸，雁鳥怕烏龜沒水無法生存，因此想幫牠搬家到有水之處。牠們要烏龜咬住一根樹枝，然後二雁各銜一邊，帶著烏龜飛往有水之處。當牠們飛在空中時，被一群小孩看到。小孩們驚奇地喊著：「雁鳥銜著烏龜！雁鳥銜著烏龜！」這時的烏龜，生氣地想向小孩們斥責道：「干你們何事！」沒想到嘴巴一張開，就從空中掉下來摔死。

釋尊指出，當時的烏龜就是提婆達多。

——《五分律》卷二五

㈡制底迦王的偽證

〔緣起〕比丘請示釋尊，為什麼提婆達多不能信仰釋尊的教訓，終於墮入地獄受苦？釋尊乃敘述此段因緣。

〔故事〕古代有一位國王名叫制底迦，其人福報甚足，每當他要坐下來的時候，就有一群天神來捧住他的座椅，使他可以停留安坐在空中。

制底迦王有一位大臣，生有二子。長子叫「出喜」，次子叫「眾愛」。由於環境使然，大臣常以惡法治理百姓。因而仁慈的長子出喜為此頗為憂心。他認為在當時的環境之下，很難改變現狀。而他將來又勢必要繼承父位出任該國大臣。為了不願造惡業，因此他只好要求父親讓他出家。父親答應他的要求，於是他也果真出家為僧。

大臣在讓長子出家之後，就讓次子眾愛當他的繼承人。幾年之後，大臣逝世，次子繼承其位，也以苛法治國。因而百姓困苦，民怨迭生。

在異地出家修行的出喜，在一次偶然機會裡遇到一位來自家鄉的人士。言談之下，才知道其弟的惡行及百姓的困苦。於是他決定回國勸告其弟。

深得國王寵信的眾愛，害怕哥哥回來會對他不利，因此與國王合謀對付乃兄。當出喜回國相見時，眾愛向大家宣布他自己是長兄，

出喜是弟弟。如果不信，可以詢問國王。這時的制底迦王果然以證人的身分出現。他作了偽證，他說眾愛是哥哥，出喜是弟弟。弟弟不只沒有繼承權，而且也應該聽從哥哥的教訓與指示。

制底迦王原想用這計謀來削減出喜的影響力，沒想到他一作偽證，原本替他抬座位的天神們立刻放手，讓他摔落在地上，而且口中吐出臭氣。福報乃告終止。

當時的大臣長子出喜，就是釋尊的前身，而制底迦王也就是提婆達多的前身。

——《破僧事》卷一〇

(三)能去不能回

〔緣起〕與第 11 則相同。

〔故事〕在過去世，一位名叫「巧容」的年輕人，原是一位巧匠的兒子。他在父親死後，到異地拜另一位巧匠為師，學習機關技藝之術。在巧容學藝的同時，他喜歡鄰村一位姑娘，並言及婚配。當時這位姑娘的父親提出一項條件，亦即巧容如能在極短期限內趕到女方住所，就答應這門婚事，否則即告取消。

巧容將這一難題報告師父，並求師父幫忙。師父答應他這一請求，並將自己的獨門之祕「木孔雀」提供給弟子。由於木孔雀可以飛行，因此他們師徒二人就乘著木孔雀昇空到女方村落。果然趕在婚約期限之內，將新娘娶回。

婚禮完成之後，師父有事外出。臨行囑咐巧容的母親：「木孔雀

不易駕駛，而且巧容能操縱它飛出去，卻還不會飛回來，所以，如果巧容要乘木孔雀出門，千萬不可答應。」母親雖然答應師父的叮嚀，但當師父出門之後，禁不起巧容的一再要求，他並謂一定可以將木孔雀飛回來，母親終於答應巧容。讓他將木孔雀飛出去。

果然不出師父所料，當木孔雀飛到海上時，遇雨故障，終於墜海身亡。

當時的師父就是釋尊，巧容就是提婆達多。

——《破僧事》卷一〇

㈡愚癡的樹神

〔緣起〕 阿闍世王以五百車粟供養提婆達多而不供養釋尊。比丘提及此事，釋尊乃敘述這段因緣。

〔故事〕 往昔之世，東天竺有一園林。園林中有五百位仙人居住。他們的食物主要就是園中的水菓。有一天，他們發現園林中有一棵阿摩菓樹，結有甚多菓實。於是他們齊集到樹下，乞求樹神讓菓實落地，俾得取食。可是當時的樹神頗為慳吝，不願讓菓實落地以供仙人取食。仙人們見樹神如此，也不強求。他們又轉到其他棵菓樹下覓食。

這時候，有五百位盜賊進入園林之中，看到菓樹，想採食又摘不到。於是，盜賊首領乃下令將樹砍斷，俾便取菓。這時，害怕阿摩菓樹被砍的樹神，乃搖動樹身讓菓實悉數落下。賊眾因而得以大快朵頤。

釋尊說，當時的賊首就是提婆達多，而樹神就是阿闍世。

——《破僧事》卷一四

㈢忘恩負義的溺水者

〔緣起〕釋尊告訴諸比丘，提婆達多從古以來即常有無恩無義的行為。下面所敘述的故事即其一例。

〔故事〕往古之世，波羅疾斯有一位國王，國王的夫人名叫「月光」。她常做夢，夢中所見的事物在日後往往可以得到證實。有一次，她夢到一隻鹿王，皮膚是黃金色的，長相非常美，而且會宣說佛法。醒來之後，她要求國王為她找來這隻鹿王。國王因而懸賞捕捉。

事實上，這個國家之中確實有鹿王存在。牠長相高貴美妙，屬下有千鹿隨從。此外，還有一隻對牠極為忠心的烏鴉與牠常在一起。

有一天，鹿王與其屬下在河邊看到有二人發生爭鬥。其中一人將另一人打敗，並且將他捆綁起來丟入河中。這位被丟入河中的溺水者因而大聲求救，並謂：「誰能救他，他就願意做那人的奴隸」。這時的鹿王，慈悲心起，想上前解救。而烏鴉則勸鹿王不要輕易救人。因為人大多沒有恩義，往往會忘恩負義，以怨報德。

鹿王秉性仁慈，因此不聽烏鴉的規勸，牠救起溺水者，並且婉謝以他為奴的誓言。只是告訴溺水者，千萬不要將鹿王的行蹤洩露出去，以免為人捕捉。當時的溺水者對鹿王的要求，當然滿口答應。

溺水者回家之後，偶然聽到國王懸賞捕捉鹿王的消息。左思右

想的結果，還是抵擋不住重金懸賞的誘惑，他終於前往國王處密告鹿王的行蹤。而鹿王也被國王捕捉到皇宮裡來。

被捉到皇宮內的鹿王，乘機為國王及月光夫人說法，得到國王伉儷的信服及愛戴。而那位溺水的告密者，也得到斷手的現世報應。

釋尊說，那位溺水的告密者就是提婆達多，仁慈的鹿王也就是釋尊自己。

——《破僧事》卷一五

㈥花鬘惡人

〔緣起〕與第 14 則相同。

〔故事〕往古之世，波羅疪斯邊界村莊裡，有一位製作花鬘的村人。他常到村莊附近的河邊摘花，俾作花鬘。有一天，他在河裡拾獲一顆珍貴的「菴沒羅菓」。他將這顆菴沒羅菓送給守城門的警衛。警衛又往上呈獻，最後送到國王面前。國王又轉送給王妃食用。王妃品嚐之後大為讚賞。她要國王再為她找一顆回來。因此，製作花鬘的村人奉命再去尋覓菴沒羅菓。

這位花鬘製作者不得已，只好再到原來拾獲菴沒羅菓的河川附近找尋。尋覓數日，最後，他看到河邊懸崖附近有這種菓樹，為了不負國王的使命，他也不畏艱險地攀爬懸崖。由於一時失手，他掉入深澗之中。

這時，有一隻獼猴王發現村人受傷在深澗內，牠不惜疲累將村人揹負出深澗。並且為他攀上懸崖摘取菴沒羅菓。沒想到被拯救的

村人，由於腹中飢餓，又不敢食用國王交代的菴沒羅菓，他居然生起惡心，將獼猴王殺死，食其肉裹腹。

這位製作花鬘的忘恩負義者就是提婆達多，而獼猴王就是釋尊。

——《破僧事》卷一五

㈥樵夫與熊

〔緣起〕　與第 14 則相同。

〔故事〕　在過去世，波羅疕斯有一位樵夫，平素以採樵維生。有一天，當他在山上砍伐樹木時，忽然來了一頭老虎。他嚇得爬上樹躲避。沒想到樹上又有一隻熊。正在進退維谷之際，熊溫和地告訴他：「不要怕，我會保護你。」說著說著就將他抱往樹上安穩之處安置。

由於老虎一直守在樹下，因此，樵夫也不敢下來。時間耗去甚久，熊累了，睡著了。這時，老虎抬頭告訴樵夫，要他將熊推下樹來給牠吃，吃飽了就放樵夫自由離去。貪生怕死的樵夫為求自保，居然狠心地將熊推往樹下。見義勇為的熊，就這樣成為老虎的食物。

這位忘恩負義的樵夫就是提婆達多。熊，就是釋尊。

——《破僧事》卷一五

㈦施血濟危的國王

〔緣起〕　與第 14 則相同。

〔故事〕　古代印度有一位賢明的國王，仁民愛物，澤及群黎。尤其對貧病百姓，更能慈心照拂。

　　有一天，一位群醫束手的重病患者，到國王處求救。國王不忍心讓他坐以待斃，乃召集國內名醫，共同會診。會診的結果，發覺只有一種藥可以對治這種絕病。這種藥就是一個畢生都不曾生氣過的人的血液。取這個人的血液煮稀飯給病人吃，才可以起死回生。

　　當時，焦急的國王自忖懂事以來，從未生氣過。他又徵詢母親及乳母，也都說他在幼小時期從未發過脾氣。於是他下令御醫取血。由於御醫不忍下手，國王乃自己以針取出身上血液供病人煮粥服用。

　　這樣的出血治療，耗時六月，終於將病人治癒。消息傳出後，各地好奇人士紛紛來訪問病人。沒想到病人的回答卻大為出人意表。他說：「國王身上的壞血，本來就應廢棄，這次送給我當藥吃，又有什麼了不起？」

　　這位過河拆橋的病人就是提婆達多；國王就是釋尊。

——《破僧事》卷一五

（六）善行太子與惡行王子

　　〔緣起〕與第 14 則相同。

　　〔故事〕往昔之世，波羅疤斯的國王生有二子，長子善行，生性慈悲。次子惡行，性格猜忌陰險。

　　善行太子長大之後，由於為人樂善好施，因此聲名遠播。當時有一國家的公主，即欲下嫁善行為妃。善行及其父王接受了這門親事之後，即開始為婚事張羅。為了不浪費父王的國庫，善行稟告父王，擬入海尋寶，以為此次婚事之費用。

　　父王聽從善行的建議，讓他率眾出海尋求珍寶。這時候，弟弟惡行也向父王稟告擬隨善行出海，父王也答應了。事實上，惡行內心的動機是要在外地伺機殺害哥哥，俾得自己可以繼承王位。

　　出海之行的前段，一切尚稱順利。大家在取得寶物之後，興高采烈地搭船回航。沒想到船在中途為海中大魚打翻。一行人及寶物，俱流離失散。惡行則因為緊緊抓住哥哥，才在船沈之後，得以藉哥哥的善泳，安全上岸。

　　上岸之後的善行，由於疲憊而小睡。就在他睡眠之時，惡行乘機刺瞎他的雙眼，並奪去他腰間的寶珠。惡行就此棄其兄於海邊，而獨自回國。

　　瞎眼之後的善行，得到一位牧牛人的救援，得以隨之回家。在牧牛人家中居住不久，女主人暗暗地愛上善行。有一天，她向善行求歡，為善行所拒，因而惱羞成怒，反而向其夫告狀，說善行要染指於她。

　　牧牛人在暴怒之下，將善行驅逐出家門。從此，善行就帶著一把平常所彈的琴，漂泊各處。有一天，他來到一個國家。國王正在為他的公主舉辦招選駙馬的活動。就在這一活動的場所中，瞎眼的善行站在一邊彈琴。優美的琴聲，使公主芳心大動。她將花鬘拋向善行身上，選擇善行為該國駙馬。

　　原來這位公主就是善行早年準備要迎娶的未婚妻。而由於公主的誠懇與善行的仁慈，終於感動上蒼而使善行雙眼復明。最後的結

局更是圓滿收場：岳父幫助善行，出兵攻打已經繼位為王的惡行。善行與公主，終得回國為王。

這位善行太子，就是釋尊；惡行就是提婆達多。

——《破僧事》卷一五

㈨小枝王子

〔緣起〕與第 14 則相同。

〔故事〕往昔之世，有四位王子背叛父王，因而被國王驅逐出境。他們各攜妻子遠離故國。由於中途糧食用盡，因此共謀殺妻食肉以自活。這時，最小的王子名叫小枝，他不忍心妻子被殺，因此與妻子逃離該地，擬赴其他國家求生。

在長途跋涉途中，由於缺乏糧食，小枝的妻子飢餓得無法行走，垂垂欲斃。小枝為了保住妻子的性命，就割下自己的腿肉給妻子食用，又刺出手臂上的血讓妻子喝。就這樣，小枝的夫人才得以保住性命。兩人就這樣沿著山路，慢慢地往目的地前進。

有一天，在一處山澗附近，他們發現一個被強盜截去四肢的人在哀叫著。小枝立即對他施以救援，並採水菓給他充飢。他囑咐妻子，在這荒山野外，這人毫無其他倚靠，因此要對他特別照拂。於是，這位缺乏四肢的殘障者就這樣地存活了下來。

由於小枝平素對夫妻間的性生活較乏興趣，乃引起妻子對那位殘障者的欲念之心。她向他求歡數次，殘障者最初雖然不敢忘恩負義，但是由於小枝妻子的多番挑逗，兩人終於背著小枝相互愛染。

而為求不讓事情敗露，小枝妻子還設計陷害小枝。她欺騙小枝為她下懸崖採藥，然後將他繫在身上的繩索放掉，讓小枝墮入崖底，隨河水漂流而去。

命不該絕的小枝在河川下游為人所救。由於出身王者之家，且長相莊嚴，因此被國王甫逝的當地人民推選為王位繼承人。旋即繼任為王。

新即位的國王雖然眾望所歸，但是有一項看法是群臣所大惑不解的。這就是他討厭女人，不願意冊立王妃。因為他認為女人很少有善良的。

就在這時，臣子們發現王城來了一對夫妻，丈夫四肢俱無，而妻子則對他照拂有加。為了讓新國王相信世間有這麼善良的女人，臣子們將這對夫婦引介到國王面前。希望透過這一善良女人的引見，可以改變國王不願娶妻的心意。

小枝國王同意了，他將這對夫婦召到宮中。見面之後並沒有改變小枝厭惡女人的心意，因為這位女人就是想害死他的那位忘恩負義的妻子。

釋尊說：「昔時小枝者，豈異人乎？我今即是。其女人者，今提婆達多是。」

——《破僧事》卷一六

㈤自在太子

〔緣起〕與第 14 則相同。

〔故事〕　古代有一位生性悲愍，常行布施的王子，名叫「自在」。他從幼小之時起就以悲天愍人的胸懷及行徑，普為世人所稱。也因為名聲普聞，因此經常有人來向他索取施物，要求濟急。他也都能毫不吝惜地布施。

有一次，他乘坐一輛價值連城的寶車出遊，路上遇到一位婆羅門。婆羅門向他索取這輛寶車，他毫不猶疑地連馬匹都一併施予。另一次，他騎著一隻名貴的大白象到郊外園林中遊賞美景。這時，上次索取寶車的那位婆羅門又出現了，他又向王子索取這隻珍貴的大白象。王子也一如往昔，慷慨地將大白象布施給婆羅門。

不久，傳來一個令人懊惱的消息。原來向王子索取大白象的婆羅門，是受到敵國的唆使才來要求王子布施的。現在，那隻舉國百姓讚歎有加的名貴大象，已經由婆羅門轉送到敵人手中了。為了這件事，國王非常生氣，他怒責王子，並且將他驅逐出境。

離開王宮的自在太子，與妻子及一子一女搭乘馬車共同前往山林中修行。就在半路上，婆羅門又來索取馬車，王子又是慷慨地施予。當他們在山林中住定之後，婆羅門又變本加厲地要求王子布施他的子女。這時剛好王妃不在，王子就在兩位兒女的悲號啼泣之下，將他們布施給婆羅門。

不久，到附近採摘花菓的王妃回到家，知道兒女為王子布施給

婆羅門之後，哀泣悶絕，但是也無可如何。就在這時，天帝釋又變化成婆羅門來向王子要求布施王妃，王子也答應了。還好，這次是天帝釋對他的考驗，並不是真的在需索王妃。因此，深受感動的天帝釋在恢復原形之後，即答應王妃的請求，以神力幫助王妃的子女重回身邊。

原本要將二位幼童攜到遠處販賣的婆羅門，由於天帝釋的神力驅使，他又迷迷糊糊地將二位幼童帶到王子的故國都城去販賣。在被國王的臣下發現後，才將兩位幼童救回皇宮。

故事的結局是圓滿的。國王逝世之後，群臣到山林中迎接王子回國繼承王位。自在太子也就成為一位愛民如子、能行惠施的好國王。

故事中的自在太子就是釋尊，那位貪婪的婆羅門就是提婆達多。

──《破僧事》卷一六

㈢狼狽為奸

〔緣起〕提婆達多以石擊釋尊，諸比丘憤憤不平。其時提婆達多之伴黨孤迦里迦反而斥責諸比丘自無羞恥、不明事理。釋尊乃說出此段因緣。

〔故事〕往昔之世，王舍城有一位「黃門」（性別混亂、非男非女之人）逝世。由於該國規定男女屍首必須分置男女之停屍處，而黃門則無法辨識為男或為女，因此，兩處停屍處的管理人都不收留黃門的屍體。不得已，其家人乃將其放置在山林中之樹下。

停放不久，先有一隻野干（像小狐狸的動物）跑來啃食屍體。

之後一隻老烏鴉也想來吃，但又怕野干不肯，於是牠就阿諛讚美野干如獅子、如牛王。突然被讚美的野干，聽了之後內心大樂，也開始讚美烏鴉。牠們就這樣共同地食用起黃門的屍身來。

這時，林中一位仙人看到這兩隻禽獸如此互相讚美，而且又共食黃門屍身肉，因此甚為不齒地嘲笑牠們。這一嘲笑，惹火了老烏鴉，就飛去將仙人修行用的祭火壇搗毀，且以糞便加以污染。

當時的仙人就是釋尊，老烏鴉就是提婆達多，野干就是惡比丘孤迦里迦。

——《破僧事》卷一八

㈢猴　王

〔緣起〕釋尊訓勉諸比丘，自古以來，凡是聽信釋尊言教者，皆可脫離苦難。凡是聽信提婆達多言教者，皆在苦難之中。釋尊乃敘述此一故事為例。

〔故事〕從前有一村落，其中有二群猴子，各有一猴王統率五百隻猴子住在該處。有一天，其中的一隻猴王夢見五百隻猿猴將二位猴王丟擲入熱鍋之中。醒來之後覺得是不祥之兆，因此決定率眾遷移他處。當他勸另一猴王率眾遷移時，另一猴王不聽，仍然執意住在該處。不得已，他只好率領自己所轄的猴眾遷移他處。

這時，適逢國王的象群被火燒傷，並延醫治療。這位負責治療象群的醫生，家中的農田曾被猴群毀損過，因此擬藉此一機會消除那些猴群。於是他向國王報告：治療象群的良藥就是用猴子燒煉成

的猴脂。國王允其所奏，乃將留在當地、未曾遷移的五百隻猴子悉數捉來丟入熱鍋中，以燒煉猴脂。

那隻做夢而遷移他處的猴王就是釋尊，不肯遷移而終被丟擲入熱鍋中的猴王就是提婆達多。

——《破僧事》卷二〇

（三）偽善的老貓

〔緣起〕　提婆達多推石害佛之後，眾人加以斥責。然而他非但不遠離眾人、逃往他處，反而在眾人可見的樹林中坐禪，此舉使不少人對他更為欽佩。釋尊為此，乃敘述提婆達多在過去世的偽善故事。

〔故事〕　過去世有一隻貓殺害過甚多老鼠。當牠年老力衰之時，無法像往年那樣以力氣追捕老鼠。為了繼續以老鼠為食物，牠就心生一計。牠在鼠穴附近偽裝坐禪。

鼠穴中的老鼠在出門活動時看到老貓閉目打坐，就好奇地問牠到底在做什麼。老貓偽裝懺悔地敘述道，牠在年輕時殺害很多老鼠，因此現在正努力修行，以懺除過去的罪業。

聽了老貓的陳述，眾鼠大為歎服。牠們向這位正在修行的老貓表示敬意，向牠右繞三匝，然後才入鼠穴。老貓就在牠們全無防備之時，偷偷地捕食排列在最末端的那隻老鼠。就這樣，老鼠一天一天地少了。最後，終於被鼠王發覺牠的詭計。

釋尊說，這隻老貓就是提婆達多。

——《破僧事》卷二〇

㊁撈月猴王

〔緣起〕釋尊告訴諸比丘，提婆達多非但今世愚痴，即在往昔之世，也是如此。釋尊乃敘述此一故事。

〔故事〕往昔之世，有一猴王率領一群猴子住在山林之中。有一天，有一群猴子在附近一處井中看到月影。牠們以為是月亮墮入井中，因此回來向猴王報告，並建議猴王想辦法撈出月亮，將它放回天空中的原來位置。大家聽了也都贊成。於是猴王就率領眾猴前往井邊撈月。牠們的方法是一隻猴子攀住井邊樹枝，然後大家手接著手一直連結到井中，由井中那隻猴子去將月亮撈起來。

由於連手的猴子太多，樹枝負荷不了眾猴的體重。因此，不久樹枝折斷，一群猴子就此墮入井中溺斃。

釋尊說，這時的猴王就是提婆達多。

——《破僧事》卷二〇

㊂破僧因緣

〔緣起〕有比丘問釋尊，是什麼因緣導致僧團為提婆達多所破？釋尊乃敘述此一故事。

〔故事〕往昔之世，在一處清淨山林之中住有一位大仙，大仙之下有五百位徒眾。有一天，有一位客仙自外地雲遊至清淨山林之大仙處。由於大仙對他不甚尊重，他在惱怒之餘，乃開始破壞大仙之和合僧眾。大仙知道這事之後，不斷地婉言相勸，客仙都不接受，仍然持續破僧。

　　這時，世間出現一位辟支佛。在一次偶然的因緣裡，辟支佛來到大仙住處。大仙見了，心生歡喜，立刻恭敬供養，並且發願云：「願以供養辟支佛功德，迴向來世有機會去破客仙的和合眾。」

　　釋尊說：「當時的客仙就是我，而被客仙破僧的大仙就是提婆達多。為此因緣，提婆達多才會在今生有破僧的惡行。」

　　　　　　　　　　　　　　　　　　——《破僧事》卷二〇

二、提婆達多本生文學的形式與特質

　　㈠形式：在佛教文獻中，以提婆達多的前生（本生）故事為題材所撰的文學作品，筆者稱之為「提婆達多本生文學」。

　　這種作品都不是獨立成篇的。它們都附屬在經、律等佛教文獻之中。其中，收在律部文獻中的為數最多，在經論中的較少。而律部文獻之中，又以說一切有部文獻所收最多。其中，又以《根本說一切有部毗奈耶破僧事》（略稱《破僧事》）所收之數量居諸書之冠。

　　這類本生文學故事，粗略地估計，大約有五十則左右，其中還有若干則是重複的（一事二譯）。大部分故事的共同特徵是：它們都是起因於僧團中之某一件與提婆達多有關的事件。由於該事件引起某些比丘的疑惑，乃向釋尊請教，釋尊乃說出一段發生在過去世的故事，最後則指出其中的主要角色之一即是提婆達多，而與提婆達多處於對立地位的角色則是釋尊。所以這些作品大體皆可分為「緣起」、「故事」、「小結」三段。

　　這幾十則都是短篇故事。有些像是寓言，有些像是歷史故事，有些像是神話。敘述方式大體採用散文（長行）體裁，偶亦夾雜若干偈誦。其中的主要角色有人類、也有動物。人類方面包含咒師、商人、國王、大臣、馴象師、巧匠、王子、仙人、獵人、盜賊、樵夫、病人、王妃、婆羅門等。動物方面有龍王、共命鳥、大海龜、雁王、雁臣、野狐、大力毒龍、豺狼、老母羊、公牛、驢子、烏龜、猴子、熊、老貓等。顯然的，這些故事當是佛教徒蒐集民間故事而從事改編整理的成果。

　　㈡特質：就故事內容而言，大部分作品的主要目標就是在彰顯提婆達多過去世的惡行，然後說明現世的破僧害佛等惡行只不過是累世以來之惡行的延伸而已。雖然其中偶而也有敘述釋尊之曾行不善業（如本書〈故事選〉第 25 則），但是為數極少。

　　這些故事，在情節上有點類似印度的民間故事書《五卷書》中之所載。但是《五卷書》裡的故事，情節起伏較大，而且沒有本生故事的宗教包袱，因此，可讀性較本生故事要多些。

　　在每個故事之中，善行傾向與惡行傾向的對立相當明顯。讀者只要看到全文的一半，大概都已知道誰是釋尊與誰是提婆達多。這種僵硬的宗教框架與簡單的善惡二分法，使故事顯得沒有太大的彈性。如果不是從宗教角度而是從文學角度來衡量的話，這種文學作品的價值應該是不會太高的。

　　此外，由於其中的故事可能原本是與佛教無關的民間寓言。佛

書編輯者在將它改編成這種本生文學作品時，有時難免會發生移植為宗教文學作品的技術性失誤。譬如第 19 則〈小枝王子〉，全文敘述的是小枝王子如何保護妻子、拯救他人的菩薩行為。但是文章的開始，敘述的居然是小枝王子結合三位兄長共同要謀害父王。事情被父王發覺之後他們才一齊被驅逐出境。文章中對於小枝被驅逐出境之後的護妻、救人等行徑著墨頗多，而且也稱他為「菩薩」，然而故事的編輯者卻忽略了實踐菩薩行的賢者，怎麼可能去謀害自己的父親？如果謀害自己父親的人也可稱為「菩薩」，那麼「菩薩」在宗教意義或道德意義上又有何價值可言？

此外，第 20 則中描寫自在太子在實踐無私的布施行為時，將寶車、寶象都送給貪得無厭的婆羅門，甚至於在他人索取自己的妻子、兒女時，他也照樣將妻兒送給他人。為了滿足一位貪婪的婆羅門的需索，居然將同樣也是眾生、也會痛苦的妻子兒女送給別人。滿足了婆羅門的無理需索，卻害了無辜的妻兒。這樣的布施不只不仁慈，而且可以說是至為愚痴與殘忍。如果這樣也算是菩薩行，則此等菩薩行又有何價值可言？故事的編輯者將這種行為描寫成釋尊過去世的菩薩行，這非但沒有增加釋尊的偉大，反而使讀者對釋尊的慈悲感到懷疑。因此，以這種故事中的自在太子形容釋尊，實在是典型的「佛頭著糞」。

由上述這兩個例子，可以看出這種本生文學的編輯技巧，並不怎麼高明。

現代學術界的提婆達多研究

　　傳統佛教界對提婆達多其人其事的看法，大體可以分為兩類。其一是自原始佛教以來「視提婆達多為離經叛道之極惡典型」的貶抑性看法。其二是大乘佛典「視提婆達多為大權菩薩」的新詮釋。

　　進入二十世紀之後，學術界逐漸有人對提婆達多事件作較新的研究，由於各研究者的立場、角度、所依據史料及所依循的價值觀都有不同，因此，研究結論並不一致。但是這些研究者在研究態度上仍有若干交集之處，他們大體都能警覺到佛教文獻中的眾多傳說之不能盡信，對於提婆達多破僧事件的背景，也較傳統佛教界更能深入地解析。雖然限於史料的不具足及不易研判，研究結果仍有不能盡如人意之處，但是，近數十年來的探討，已經較二千餘年來的一面倒說法，有相當長足的進步。研究成果也能使現代人較清楚地觀察這一事件的前因後果。

　　茲依中文、日文、歐文著述之順序，擇要略介如次：

一、中文著述

　　㈠印順〈論提婆達多之破僧〉：依筆者所見，中文著述之最早專論提婆達多的文章，當是印順法師〈論提婆達多之破僧〉一長文。該文發表在 1964 年 11、12 月份的《海潮音》月刊上。其後，又被

收入張曼濤主編的《現代佛教學術叢刊》第八十九冊、及印順的《華雨集》第三冊中。

　　這篇文章是對提婆達多破僧事件的全面討論。內容論及下列諸項：

　　　1.「破僧」意義的分析。

　　　2.提婆達多出家後、破僧前的修持經歷。

　　　3.破僧事件的分析及對這一事件的評論。

　　　4.提婆達多「五法」的分析及評論。

　　　5.破僧事件的影響。

　　印順法師這篇論文是現代中文學術界對提婆達多事件的拓荒性作品。他能夠注意到這一事件在早期印度佛教史上的意義，是相當難得的。尤其是在寫作態度上，他雖然也站在出家眾的信佛立場，但是仍能以「忠於史實而不輕信傳說」的持平方向去論述其事，這與一般傳統僧眾之一味依循傳統說法的態度是不可同日而語的。

　　此外，文中提出的「佛法並無教權」的觀念；釋種比丘、比丘尼多人之擁護提婆達多；提婆達多「五法」之苦行傾向與佛法中道行的差異；這些看法（或發現）也都是這篇文章值得推許之處。尤其是對釋迦族出家眾在原始僧團中的驕慢現象的論述，更能言人所未言。對於原始佛教教團史的研究頗有啟發作用。

　　法師在這篇論文的第三節，曾提到釋尊斥責提婆達多為「噉唾痴人」（或「食唾者」）一事，並謂「食唾，《銅鍱律》作『六年食

唾』，意義不明」。按：釋尊以「食唾」（或噉唾）一語加以呵斥，是指提婆達多以神通將自己變成小兒以吸引阿闍世之事。當時，阿闍世曾向提婆達多口中吐出唾液，而提婆達多則將該唾液吞食進去，以贏得阿闍世的好感。釋尊此語當係呵斥提婆達多之失格。此事原委，載在《破僧事》（卷一三）與《十誦律》（卷三六）等書中。至於「六年食唾」之語，依中村元（〈抗拒釋尊的佛教──提婆達多（等）〉）的詮釋，是指「提婆達多結交、諂媚阿闍世已有六年之久」的意思。

㈡季羡林〈佛教開創時期的一場被歪曲被遺忘了的路線鬥爭──提婆達多問題〉：這是北京大學季羡林教授對提婆達多的專題研究。原文首度發表於《北京大學學報》（1987年第四期）。後來又收入《季羡林學術論著自選集》中。

這篇文章是對提婆達多的純學術討論，與印順法師文章之佛教徒立場不同。而且，在字裡行間還洋溢著為提婆達多平反的態度，這從題目的遣詞用字（如云：「被歪曲被遺忘了的路線鬥爭」）也可以窺見一二。全文的內容大體包含下列幾項：

1.歐美與印度學者對提婆達多的研究概況。

2.佛典中對提婆達多的論述及其中矛盾。

3.結論：作者對提婆達多事件的新看法。

季教授以為，提婆達多事件是釋迦牟尼之世，佛教教團內部的「兩條路線的鬥爭」。釋迦牟尼與提婆達多分別是兩條對立路線的主

導者。釋迦牟尼反對苦行，允許吃肉（三淨肉），主張有輪迴。而提婆達多認為「但有此生，更無後世」，主張苦行、不食魚肉。這兩種對立的思想促成提婆達多的破僧運動，並且在提婆達多逝世後千餘年，印度仍有提婆達多的信徒繼續存在著。

　　季教授這篇論著的一大特色，是純從學術角度為提婆達多事件作一與傳統佛教觀點截然異趣的詮釋。他提出的兩條對立路線的鬥爭的看法，雖然與印順法師文中針對「苦行與中道行的差異」所作的討論內容大體相似，但是由於印順法師所持是佛教徒觀點，與季教授的純學術、非信仰的觀點不同，因此所作的判斷也頗有差異。印順法師所作的討論是佛教內部的客觀檢討。而季教授則將它放在印度歷史層面上來衡量，這與印順法師對釋尊之懷有宗教感情的討論，結論之可能有異，自是可以理解。在文章裡，他鮮明地提出「兩條路線的鬥爭」，這種將釋尊與提婆達多放在平等對立的地位上所作的考察，雖然不易為佛教徒接受，但卻較符合學術界討論歷史問題的客觀原則。此外，他對「提婆達多派」的論述，雖然著墨不多，但也可視為這一研究領域的進一步開拓，有一定的價值。

　　季教授的論斷方向，開啟了讀者對提婆達多事件的歷史層面的新視野。不過，他的某些論證並不一定能使人心服。首先是對《破僧事》（卷一〇）所載文字的詮釋。他依據《破僧事》記載提婆達多「謗毀聖說，決生邪見，定斷善根，但有此生，更無後世。作是知已，於其徒眾別立五法」的這段文字，加上提婆達多好友晡剌拏（不

蘭迦葉）之「豈有後世，令汝見憂？」的一段勸慰語句，判定提婆
達多否定輪迴說。他以為，提婆達多即以「主張苦行、否定輪迴」
而與釋尊對立。

　　按：提婆達多之贊成苦行（五法），是多種文獻都曾記載的，這
一點自是毫無疑義。但是說他也公開提倡「死後無後世、無輪迴」
則不妥。理由如下：

1. 提婆達多提倡「五法」，是一種苦行修行方式。他認為修這
　種苦行比釋尊的八正道可以更快速得到解脫。既然目標是
　「解脫」，則必定要承認有來世。否則今生那麼辛苦地修五
　法苦行，結果又沒有來世，那麼修苦行的意義何在？解脫
　又有什麼價值可言？

2. 《破僧事》這段話中的「但有此生，更無後世」句，可以
　作兩種詮釋。其一是描寫提婆達多「不管有無來生、有無
　輪迴、果報，他都要反對釋尊」的心態。其二是他內心真
　的感覺到沒有來生、沒有輪迴。但是，即使他真是在內心
　覺得如此，他也並不一定公開反對輪迴說。因為「反對輪
　迴」是一件大事，如果他果真如此，則《破僧事》在上引
　文中之「於其徒眾別立五法」句後，必會加上「反對輪迴」
　之類的語句。而且，在各類佛教文獻中，除了五法之外，
　也必會加上他反對輪迴說的文詞。然而，除了《破僧事》
　此處文句之外，我們並未發現在敘述提婆達多新主張的任

何文獻裡，有這類相同的記載。

因此，筆者認為提婆達多縱使內心不相信有輪迴，但是為了與他所提出的五法及解脫目標相呼應，他絕不可能公開提倡「死後沒有輪迴」的思想。在這種前提之下，季教授所謂的「兩條路線的鬥爭」，便只成了苦行主義與中道行主義的鬥爭。因此，季教授文中說提婆達多的學說「代表的是唯物主義傾向」。這樣的看法，筆者認為是不甚妥當的。

其次，季教授在所撰論文第一節裡，曾提到呂澂《印度佛教史略》書中說提婆達多是耆那教徒（呂澂書將「耆那教」寫成「禪那教」），季教授認為：「說提婆達多是耆那教徒，恐無根據」。關於這一點，筆者願稍加說明。

《印度佛教史略》一書並不能算是呂澂的研究成果。這部書是呂先生以日本學者荻原雲來的《印度之佛教》為藍本，並參考崛謙德、馬田行啟等人的印度佛教史著述編著而成的。關於這一點，呂先生在該書卷首〈敘恉〉文中曾有交代。

至於說提婆達多是耆那教徒，筆者也並不同意。不過，這樣的說法並不是全無根據，只不過是根據比較薄弱而已。他們的根據至少可以找到下列幾項：

1. 耆那教是印度各大宗教之中，主張苦行主義最為人所知的。提婆達多的「五法」也是苦行主義之一型。尤其在禁止肉食方面，二者相當接近。

2.耆那教不只主張天神、人類及動物都有靈魂，而且認為植
物與無機物也有靈魂，因此提倡嚴格的不殺生主義。提婆
達多也主張不可傷害草木、不必剃髮剪爪，因為他認為髮
爪都有生命（《薩婆多毘尼毘婆沙》卷三）。

提婆達多在這些方面與耆那教如此相似，如果說他對耆那教義
有所取資，是說得過去的。但是，如果僅憑這幾點就說他是耆那教
徒，的確是稍嫌草率的。

㈢王邦維〈提婆達多派問題〉：王邦維教授是季羨林教授的及門
弟子，現任 (1998) 北京大學東方學系主任。這篇〈提婆達多派問題〉
原收在其《南海寄歸內法傳校注》（1995 年 4 月，北京）書中的第二
章。1996 年底又收入重慶版的《唐高僧義淨及其著作論考》書中的
第三章內。

這篇文章是附錄在書中的「附論」，是一篇短文。但是文章所提
出的主題，則是確立提婆達多之歷史地位的重要關鍵。因為提婆達
多之歷史意義與提婆達多派的存在及時間久暫，是成正比的。歷史
上有提婆達多派，而且存在的時間達千餘年之久，這便使人對該派
的始祖提婆達多不能不另眼相看，對於佛典記載他是「十惡不赦的
大壞蛋」的說法便不能不懷疑。王教授這篇文章便是對提婆達多派
的專題處理。以筆者所知，這也是國際學術界研究此一問題最早的
專論。

其次，就內容來看。這篇文章中提出一項前人所未曾注意的史

料，亦即義淨《根本說一切有部百一羯摩》（卷九）中一段有關提婆達多派的描述。這篇描述比法顯、玄奘所傳的資料都更詳細。使後人對義淨當時印度提婆達多派的活動情形能有進一步的理解。

　　事實上，提婆達多問題的研究史，就是史料發現與史實詮釋的歷史。誰能夠發現新史料、誰能夠提出合情合理的新詮釋，誰就能將這一研究往前推進一步。在這方面，王教授這篇短文是有一定意義的。在史料上，他發現了《根本說一切有部百一羯摩》中，前人所未注意的重要記載。在歷史詮釋方面，他正式地提出「提婆達多派」的觀念，並認為該派是佛教最早的一次分裂。這些新觀點都是相當有創意的。

二、日文著述

　　㈠渡邊照宏〈佛陀與提婆達多之間〉：這篇文章是作者的《新釋尊傳》書中的一章。初版於 1966 年（東京，大法輪閣），到 1996 年共印行二十一刷。發行量之大，頗為同類著作所不及。雖然這本書是以通俗寫法的形式問世，但是其中頗有作者獨特的看法。以〈佛陀與提婆達多之間〉一章為例，他的主要見解略如下列：

　　　1.釋尊晚年，佛教教團主要生活在僧院之中。相對於當時這種主流派僧團的僧院生活形式，提婆達多及其徒眾代表的是隱遁主義的非主流派教團。

　　　2.提婆達多及其徒眾信仰過去佛而不信仰釋尊。這種對過去

佛的信仰，是佛教本有的傳統，也是一種民族宗教信仰。此中之「過去佛」，可能是實在的歷史人物。阿育王曾禮拜過去佛，耆那教對最高真理的體現者也曾稱之為「佛陀」（但較常稱之為「耆那」）。

3. 提婆達多提倡的是印度自古相傳的民族宗教信仰，他所宏揚的不食乳酪與魚肉、崇拜過去佛等思想，都是傳統民族信仰所已有的。另一方面，釋尊所提倡的佛教，則是超越原有的民族信仰而昇華為全亞洲的普遍性大宗教。換句話說，釋尊所提倡的是新發展出來的佛教。因此，提婆達多的破僧事件，象徵著古老民族傳統信仰與釋尊之新信仰的對立。

4. 提婆達多的戒律與耆那教戒律頗為接近，二者都具有維持傳統民族宗教的性格。

5. 在本文中，作者依據法顯《佛國記》的相關資料，曾提出「提婆達多派」的名詞，但未曾深論該派內容。

㈡中村元〈抗拒釋尊的佛教──提婆達多（等）〉：日本著名佛教學者中村元的這篇文章，收錄在其《原始佛教之成立》書中（該書初版於1969年，再版於1992年。皆為東京，春秋社所發行）。內容綱目如下：

1. 「佛陀之教」的語義。

2. 有關提婆達多的傳說──惡人。

　　⑴接近阿闍世。

　　⑵釋尊的對策。

　　⑶殺害頻婆娑羅王的陰謀。

　　⑷暗殺釋尊的陰謀。

　　⑸驅象。

3.有關提婆達多的傳說——異端修行者。

　　⑴對教團的五項要求。

　　⑵五項要求的社會、歷史意義。

4.提婆達多傳說的發展。

5.結語。

　　這篇文章的大部分內容，都是對提婆達多事件過程的描寫。作者運用的史料雖然包含南北傳經藏與律藏的相關文獻，不過，與其他學者比較起來，作者運用南傳律藏的比例要高出甚多。在這篇文章裡，有很多篇幅是對南傳律藏相關文獻的日文翻譯。透過作者的安排，以及簡要的評斷，可以明顯地看出作者有意客觀地、公正地將這件事的史實重新建構較為可信的框架。

　　作者的主要觀點，大體有下列幾項：

　　1.釋尊當時的印度宗教界，「佛陀」(Buddha) 一詞並不是釋迦牟尼的專屬稱呼，也不僅是佛教內部之覺悟者的尊稱，而是對所有各宗教及古聖先賢都可以用來稱呼的公共名詞。在當時的佛教教團裡，修行卓越的弟子（如：舍利弗）也

曾被稱為佛陀，提婆達多也曾被稱為佛陀。因此，「佛教」
（佛陀之教）並不專指釋尊之教。將「佛教」用來專指釋
尊之教是後世的發展。在印度統一、佛教勢力擴展之後，
阿育王等人擔心佛教教團分裂，認為必須建立信仰中心，
釋尊的核心地位才迅速被建立。「釋尊之教」也就被詮釋為
全等於「佛教」。其他佛陀的地位也隨著佛教的大幅度發展
而被貶抑下去。

2. 由於上述原因，乃使與釋尊對立的提婆達多，逐漸地被醜
   化為十惡不赦的壞人。在現存的佛教文獻之中，對提婆達
   多惡行的描述，都是後世逐漸發展出來的，是後世佛教教
   團逐漸附加上去的傳說。即使是阿闍世之弒父，其實也與
   提婆達多無關，並不是他去唆使的。

3. 提婆達多被佛典貶為惡人的時代，大約是在難陀王朝至阿
   育王之間。也就是佛教教團獲得大規模莊園的時代。這時
   候的精舍生活已與早期教團（也就是《經集》所描述的）
   出家生活之苦行風格大異其趣。因此，提倡苦行的提婆達
   多乃被當時教團刻意貶抑。這些貶抑的傳說，即以後世所
   見之佛典敘述形式而為吾人所知。

4. 現存佛典對提婆達多的憎惡現象極為異常，幾乎可說是病
   態的。在其中，看不到佛教原有的寬容態度。

5. 然而，不以釋尊為核心的佛教，在後世也逐漸地發展開來。

譬如淨土宗以阿彌陀佛為核心，密教以大日如來為核心，但是它們仍然被認為是佛教。雖然這兩宗的相關經典相傳是釋尊所說，但是這種說法其實是偽託的，並非史實。

㈢岩本泰波《猶大與提婆達多》：這本書是日本比較宗教學者岩本泰波的專著，出版於 1983 年（東京，第三文明社）。全書以比較宗教學立場討論基督教的叛徒猶大 (Judas Iscariot) 與佛教叛徒提婆達多。內容包含〈猶大的自縊而死與提婆達多的生身墮獄〉、〈猶大的後悔與提婆達多的悔恨〉、〈提婆達多的墮獄與猶大的審判〉等章。

猶大是耶穌的十二門徒之一，傳說他以三十塊銀幣的代價出賣耶穌，終使耶穌死於十字架上。本書即以猶大背叛耶穌之後的下場，取與提婆達多叛佛後之下場作比較。其間論及此二位主角之死、悔恨、墮獄、審判及拯救等問題。

就提婆達多而言，本書並未討論佛典對提婆達多之描述的真偽問題，而是站在相信佛典所載為史實的立場，對提婆達多的下場作宗教學式的詮釋。此外，作者對於日本淨土真宗開祖將提婆達多列名在「十五聖」之中的意義，也曾作深入的探討。

由全書的論述方向可知，本書不是提婆達多事件的歷史研究，而是探討信仰心理或宗教學本質的著述。

㈣其他日文著述：依筆者所知，一般日文佛學著述之附帶論及提婆達多的，往往也只是佛典所載傳說的綜合整理而已。對此一問題有特殊看法的也為數不多。像著名的南傳及原始佛教學者水野弘

元教授，在他的早期名著《釋尊的生涯》（1960年，東京，春秋社）中，對提婆達多事件雖然也闢有〈提婆達多的背叛〉一專章來描述，但是所採取的方式仍然是佛教文獻記載的綜合組織，並未提出新的看法。

　　不過，在渡邊照宏、中村元等人的新詮釋出現之後，日本學術界、文化界對提婆達多有較新評價的人逐漸增加。1987年11月16日《朝日新聞》晚報文化版即載有加藤周一氏的〈從另一個角度談提婆達多〉一文。內容依據中村元的歷史研究結論，對提婆達多及佛教教團的發展作進一步的詮解。加藤氏以為，提婆達多代表的是原始僧團中的批判精神。佛教教團對提婆達多集團的貶抑及醜化，象徵著僧團之個人崇拜或權威的絕對化。個人崇拜與絕對權威的形成，很可能是該團體崩壞的潛在因素。因此，容許批判勢力存在、或恢復提婆達多的應有聲譽而不一味貶壓，這對佛教的發展未嘗不是一件好事。

　　加藤周一這篇短文是中村元〈抗拒釋尊的佛教──提婆達多（等）〉一文思想的進一步發揮，而另一位學者阿部慈園則是在中村元的看法之外，也提出自己的見解。他在所撰《印度佛教文化入門》（1989年，東京書籍）一書第一章第六節中，有三段文字（〈反派角色提婆達多〉、〈嚴格的頭陀行者提婆達多〉、〈提婆達多的再評價〉），對提婆達多提出下列看法：

　　　　1.與其說提婆達多極惡非道，不如說他具有過度認真、不能

融通的性格。

2. 佛教教團在發展過程中，逐漸受到社會認同，經濟條件也逐漸豐厚，因此在釋尊晚年，教團的修行或教化路線逐漸採取柔軟、溫和的態度。這與古來應有的刻苦、素樸的實踐方式是不同的。提婆達多的意見就是對教團這種改變所提出的批判。因此，他的「五法」主張，其實是一種具有復古傾向的教團改革意見。

3. 提婆達多的教團是原始佛教教團最早的分派活動。他們反對僧團採取安定的僧院化生活方式，而主張恢復早期不定居一處的素樸生活。這一派到後來曾與大乘佛教徒（尤其是《法華經》的信奉者）有若干交流。

像上述第三種看法，也有其他學者持相似的意見。日本專研印度佛教教團史的學者塚本啟祥，在他的《阿育王碑文》（1976 年，東京，第三文明社）書中，也曾指出（見該書 67 頁）：「在釋尊時代，提婆達多反對佛教僧團之僧院化傾向，並主張維持原始遊行者之生活樣式。由於他的主張未被接受，所以自釋團中分裂出來，而自成一派。」

三、歐文著述

以歐洲文字撰寫的有關提婆達多事件的研究文章，並不多見。大部分都在印度佛教史之類的著作中稍稍提及而已。以專文或專書

形式出現的著作，為數甚少。關於其中若干論點，在前述季羨林教授所撰專文中的第一節，曾專篇介紹過。由於季教授的介紹，我們約略可知其中大略。茲再簡介其中之一部專著，並補充若干專文之觀點如次：

㈠穆克紀 (Biswadeb Mukherjee)《提婆達多的傳說》：依筆者所知，這部書應該是用西洋文字撰寫的第一部有關提婆達多的專論。該書是作者在德國哥丁根大學 (Göttingen Univ.) 的博士論文。原書以德文撰寫，未見有其他文字譯本。書名全稱是 *Die überLieferung Von Devadatta, dem Widersacher des Buddha, in den Kanonischen Schriften*（《提婆達多的傳說，律藏中的佛陀的敵對者》）。1966 年出版於慕尼黑。

穆克紀教授原籍印度，留學德國，1998 年執教於臺北中華佛學研究所，是筆者的同事。可惜的是在臺灣找不到他這部舊作，而且事隔三十二年，他單憑記憶已很難詳細描述該書的內容。因此，當筆者訪問他時，穆教授只寫出下列大綱給我（原文以英文撰寫）：

這是應用六種不同部派的律藏資料（包含經分別與犍度部）所作的比較研究，企圖重建下列諸事：

(i) 有關提婆達多的可信的歷史。

(ii) 關於這一論題的最早的毘奈耶傳統。

(iii) 犍度部的逐漸發展。

(iv) 六種律藏譯本的相互關係。

　　穆教授所親撰的上述大綱，雖然可以讓我們瞭解該書的大略內容，但卻對他的研究結論仍不甚了了。關於這一點，穆教授曾經在口頭上提出他的主要看法：他認為提婆達多代表的是當時印度宗教界的正統思想，而釋尊的思想則是與傳統有別的革新派。像耆那教用苦行實踐方式來克制欲望的方式，與提婆達多的苦行主張，都可溯源於印度的宗教傳統。而釋尊的教法是與此有別的，他著重在心智的淨化而不在一味依賴苦行。這是釋尊與提婆達多在宗教實踐的看法上，最主要的不同點。

　　依據上面的簡略陳述，雖然我們仍無法全面地掌握穆教授的所有觀點，但是對於他在釐清、整理相關資料方面的努力則是可以理解的。此外，他認為提婆達多「代表當時宗教界的正統方向」這一點，也與渡邊照宏、阿部慈園、塚本啟祥的看法頗為接近。更重要的是，他這部專著撰寫於三十餘年以前，在當時的國際學術界中，他能提出這樣一部專論，這在原始佛教的研究史上，自是具有里程碑意義。

　　㈡ 1997 年《佛教研究評論》(*Buddhist Studies Review*) 十卷一期所載諸文：這一期的《佛教研究評論》雜誌裡，收有三篇研究提婆達多的文字：

　　1.拉莫特 (Étienne Lamotte) 的 〈佛陀曾侮辱提婆達多嗎？〉

(Did the Buddha insult Devadatta?)。原著最初發表於 1970 年
（法文），此處所載者為英文譯稿。

2. 芭荷 (André Bareau) 的 〈提婆達多與第一次佛教分裂〉
(Devadatta and the first Buddhist Schism)。原文為法文，初刊
於 1990 年。收在《佛教研究評論》裡的也是英文譯稿。

3. 廷提 (Paola G. Tinti) 的 〈玄奘是否曾遇見過提婆達多的信
徒？〉(Did Hsüan-Tsang meet the followers of Devadatta?)

　　在這三篇文章裡，除了芭荷女士的論文之外，其餘兩篇所討論
的都是小問題。拉莫特的論文，主要是針對釋尊呵斥提婆達多時所
用「噉唾痴人」一詞的巴利文 (Kheḷāpaka) 原義作深入的探討。他認
為在早期的佛教文獻中，該詞的語義只是顯示出釋尊對提婆達多的
一種呵斥，並沒有明白表示提婆達多吃了阿闍世的唾液。至於輾轉
變成「吞食阿闍世唾液」的語意，是較後期文獻的渲染，不是釋尊
的本意。而且，縱使釋尊偶而說出一些表面像是粗魯的話，也不是
意氣用事，而是為了要折服教化該一頑劣對象。

　　第三篇是廷提的短論，在這篇文字中，作者主要在論證玄奘在
東印度並沒有遇見提婆達多派的信徒。作者以為玄奘用「不食乳酪」
來作為提婆達多派的判斷標幟是不準確的，因為並不是所有律藏都
曾記載提婆五法中之「不食乳酪」一條。

　　上述這兩篇所討論的問題都很小，不過，芭荷女士的論文所涉
及的層面則較大。她分析各部廣律中的相關資料，對提婆達多事件

做出下列幾點較醒目的結論：

(1)提婆達多事件是釋尊晚年，僧團中主張嚴格苦修者與反對嚴格苦修者的對抗事件。

(2)在對提婆達多的破僧害佛惡行作描述時，大眾部以外的各派廣律，都描述較詳。但是，大眾部則頗為簡略。這似乎顯示出有關提婆達多惡行的傳說，有不同的兩個傳統。

(3)大眾部與（部分）說一切有部的相關資料，都未提及提婆達多的出身是釋迦族。這顯示出其他資料說提倡破僧的提婆達多是釋尊堂弟的說法頗為可疑。

(4)因此可以假設：提倡破僧的提婆達多，可能是另一個同名的人，而不是釋尊的堂弟。

(5)各部律藏之所以大多對提婆達多大加撻伐的原因，是因為律藏的編集者生長在釋尊已逝世一段時日、僧團多居住在僧院之時。他們不能體會釋尊初成道不久（也就是僧團早期）刻苦生活的實態，因此對提婆達多提倡恢復苦行方式的用心不能理解。從而對提婆達多之提議動機也詮釋為叛佛與貪圖利養的企圖。眾多抹黑、醜化提婆達多的傳說，就是在這種心理背景之下所逐漸形成的。

四、結　語

如果將上述諸文依出版年代作排列，那麼各文先後的順序是這樣的：

1. 1964 年：印順〈論提婆達多之破僧〉。
2. 1966 年：渡邊照宏〈佛陀與提婆達多之間〉。
3. 1966 年：穆克紀《提婆達多的傳說》。
4. 1969 年：中村元〈抗拒釋尊的佛教──提婆達多（等）〉。
5. 1970 年：拉莫特〈佛陀曾侮辱提婆達多嗎？〉。
6. 1983 年：岩本泰波《猶大與提婆達多》。
7. 1987 年：加藤周一〈從另一角度談提婆達多〉。
8. 1987 年：季羨林〈佛教開創時期的一場被歪曲被遺忘了的路線鬥爭──提婆達多問題〉。
9. 1989 年：阿部慈園《印度佛教文化入門》第一章第六節。
10. 1990 年：芭荷〈提婆達多與第一次佛教分裂〉。
11. 1995 年：王邦維〈提婆達多派問題〉。
12. 1997 年：廷提〈玄奘是否曾遇見過提婆達多的信徒？〉。

從上面所排列的年序著述表可以看出，最早對這問題提出專論的是當時已經居住在臺灣的印順法師。可是，自 1964 年以來的三十四年間，臺灣學術界卻未見有人對提婆達多事件作更深入的探討。

其次，中國大陸的學者季羨林教授在他的專文中提及甚多外國

學者對提婆達多事件的看法，可是他卻未曾提到印順法師這篇文章。此外，日本學者多人的著作也都不曾注意到印順的專論。相對的，季羨林的文字中，也沒有引述到日本學者的看法。

不過，在日本學術圈中，先出版的著作，對後來的研究者是有顯著影響的。渡邊照宏提出耆那教對最高真理的體現者也稱為「佛陀」的看法之後三年，中村元也對這一問題有更深入的剖析。當他的〈抗拒釋尊的佛教──提婆達多（等）〉一文刊出後，不只有阿部慈園的進一步詮釋，而且還引起文化界的迴響，而有加藤周一在《朝日新聞》（晚報）上的申論。

上述這些文章，雖然寫作角度及研究成果各有不同，但是仍可以看出某些交集之處。除了岩本泰波採取的是比較宗教學角度，而未對文獻作鑒別處理之外，其他的研究者（像印順、渡邊照宏、穆克紀、中村元、季羨林、阿部慈園、芭荷、王邦維等人）對佛教文獻內容的真實性，都是疑信參半的。對於佛典中所載的提婆達多之惡行也多半不敢驟信。他們都意識到佛教發展過程中所形成的「扭曲史實的傳說」之必須甄別；對於傳說背後所隱覆的歷史真相，他們也盡量用歷史方法去釐清或詮釋。這些是他們在研究態度與方法上的共同點。

從 1964 到 1995 年之間，學術界對提婆達多的研究大體理出一些較前清晰的輪廓，也整理出若干具體的成果與詮釋。其中，比較醒目的觀點（或發現）至少有下列諸項：

1. 印順：提婆達多與釋尊之對立，凸顯苦行與中道行修行方式之差異，也凸顯教團內之釋種比丘對十方比丘的不服與鄙視。

2. 穆克紀：提婆達多與釋尊的對立，是正統勢力（提婆達多）與改革主義（釋尊）之爭。

3. 季羨林：這事件是當時教團內的「兩條路線之爭」。

4. 王邦維：對「提婆達多派」問題提出新史料及較深入的詮釋。

5. 渡邊照宏：這事件是印度民族宗教信仰（提婆達多）與已轉型之普遍性宗教（釋尊）的對立。

6. 中村元：整個事件顯現出「佛教」這一觀念在印度信仰史上的演變與轉型。

7. 阿部慈園：提婆達多的教團是一個具有復古傾向的教團。他對釋尊的批判是一種主張恢復古代修行方式、反對僧院化傾向的復古性看法。他的教團，是原始佛教教團最早的分派活動。

8. 芭荷：佛教文獻中所提及的提婆達多，可能是兩個同名的人；提婆達多事件是釋尊晚年僧團內部贊成與反對苦行者之爭；對提婆達多惡行的描寫是後世律藏編集者的誤解所形成的。

這些頗具創意的研究成果與新發現的史料，對於後人對提婆達

多事件的認識，有相當程度的啟發。誠如季羨林教授所說，對這一事件之史實的釐清，對印度佛教史的研究也有一定程度的輔助效益。雖然迄今為止，我們仍然不能為這一事件作最後的定論，但是透過上述這些研究，已經使這一問題露出不少前所未見的曙光，也開拓若干前所未見的研究視野，對後來的研究者而言，是要方便許多的。

參考資料

一、古代資料（依首字筆畫為序）

1. 《十誦律》 　　　　　　　　　　　《大正藏》22 冊

2. 《大史》（韓廷傑譯本） 　　　　　1996 年，臺北，佛光版

3. 《大智度論》 　　　　　　　　　　《大正藏》25 冊

4. 《大寶積經》 　　　　　　　　　　《大正藏》11 冊

5. 《大唐西域記》 　　　　　　　　　《大正藏》51 冊

6. 《大毘婆沙論》 　　　　　　　　　《大正藏》27 冊

7. 《大般涅槃經》 　　　　　　　　　《大正藏》1 冊

8. 《大方等無想經》 　　　　　　　　《大正藏》12 冊

9. 《大方廣善巧方便經》 　　　　　　《大正藏》12 冊

10. 《五分律》 　　　　　　　　　　　《大正藏》22 冊

11. 《中阿含經》 　　　　　　　　　　《大正藏》1 冊

12. 《分別功德論》 　　　　　　　　　《大正藏》25 冊

13. 《方廣大莊嚴經》 　　　　　　　　《大正藏》3 冊

14. 《四分律》 　　　　　　　　　　　《大正藏》22 冊

15. 《出曜經》　　　　　　　　　　　　　　　《大正藏》4 冊

16. 《有部毘奈耶》　　　　　　　　　　　　　《大正藏》23 冊

17. 《佛國記》(《高僧法顯傳》)　　　　　　　《大正藏》51 冊

18. 《法華經》　　　　　　　　　　　　　　　《大正藏》9 冊

19. 《長阿含經》　　　　　　　　　　　　　　《大正藏》1 冊

20. 《法句譬喻經》　　　　　　　　　　　　　《大正藏》4 冊

21. 《毘尼母經》　　　　　　　　　　　　　　《大正藏》24 冊

22. 《南傳上座部律》　　　　《南傳大藏經》，元亨寺版 1–3 冊

23. 《修行本起經》　　　　　　　　　　　　　《大正藏》3 冊

24. 《根本說一切有部百一羯摩》　　　　　　　《大正藏》24 冊

25. 《根本說一切有部毘奈耶破僧事》　　　　　《大正藏》24 冊

26. 《根本說一切有部苾芻尼毘奈耶》　　　　　《大正藏》23 冊

27. 《清淨道論》(葉均譯本)　　　　1990 年，臺南，妙心寺版

28. 《普曜經》　　　　　　　　　　　　　　　《大正藏》3 冊

29. 《華嚴經》　　　　　　　　　　　　　《大正藏》9，10 冊

30. 《善見律毘婆沙》　　　　　　　　　　　　《大正藏》24 冊

31. 《眾許摩訶帝經》　　　　　　　　　　　　《大正藏》3 冊

32. 《經集》(郭良鋆譯本)　　1990 年，北京，中國社會科學院版

33. 《解脫道論》　　　　　　　　　　　　　　《大正藏》32 冊

34. 《瑜伽師地論》　　　　　　　　　　　　　《大正藏》30 冊

35. 《鼻奈耶》　　　　　　　　　　　　　　　《大正藏》24 冊

36.《增一阿含經》	《大正藏》2 冊
37.《摩訶僧祇律》	《大正藏》22 冊
38.《興起行經》	《大正藏》4 冊
39.《彌蘭王問經》	《南傳大藏經》，元亨寺版 66 冊
40.《雜阿含經》	《大正藏》2 冊
41.《雜寶藏經》	《大正藏》4 冊
42.《薩婆多毘尼毘婆沙》	《大正藏》23 冊
43.《釋迦譜》	《大正藏》50 冊
44.《觀無量壽經》	《大正藏》12 冊

二、現代著作：專書

1.《インド佛教文化入門》：阿部慈園著，1989 年，東京書籍。

2.《ユダと提婆達多》(《猶大與提婆達多》)：岩本泰波著，1983 年，東京，第三文明社。

3.《季羨林學術論著自選集》：季羨林著，1991 年，北京師範學院。

4.《南海寄歸內法傳校注》：王邦維校注，1995 年，北京，中華書局。

5.《原始佛教の成立》：中村元著，1969 年，東京，春秋社。

6.《新釋尊傳》：渡邊照宏著，1966 年，東京，大法輪閣。

三、現代著作：論文

1. *Buddhist Studies Review*（十卷一期，1997 年）內收下列論文：

(1) "Did the Buddha insult Devadatta?"（〈佛陀曾侮辱提婆達多嗎？〉）：
É. Lamotte 原著。

(2) "Devadatta and the first Buddhist Schism"（〈提婆達多與第一次佛教分裂〉）：A. Bareau 原著。

(3) "Did Hsüan-Tsang meet the followers of Devadatta?"（〈玄奘是否曾遇見過提婆達多的信徒？〉）：P. G. Tinti 原著。

2. 〈從另一個角度談提婆達多〉：加藤周一著（日文），緯遠譯，《諦觀》55 期，頁 135–138，1988 年 10 月，臺北。

3. 〈論提婆達多之破僧〉：印順著，《海潮音》月刊，1964 年 12 月，臺北。

佛教史料學

藍吉富／著

　　本書綜合討論佛教文獻，是專為佛教研究者所設計的史料學專書。面對難以計數的佛教文獻，佛教研究者該如何入門？如何應用？本書首先將各常見大藏經作實用性的分析；其次介紹重要的佛教叢書與工具書；分論印度、中國（含西藏）、南傳、日本等系佛教文獻的內容及特質；最後以實例說明研究過程中不容忽略的佛典翻譯、版本、藏外文獻、偽經與遺跡等項目。

唯識學綱要

于凌波／著

　　唯識學是大乘佛教法相宗的宗義，其內容在闡釋萬法唯識的妙理，探討我人內心深處之實態，以尋回人們真實的自我。作者從唯識學的定義、源流切入，分論五位百法、五蘊、四大、八識、種子等唯識學上基本觀念，從歷史背景到生活應用，本書期能以深入淺出的手法，引領讀者一窺此千年絕學之奧祕。

龍樹與中觀哲學

楊惠南／著

　　龍樹，是印度大乘佛教最有力的推廣者與理論家，印度信徒為其立廟，供奉如佛，中國信徒將其推尊為（大乘）八宗的共祖，許多人認為其為繼釋迦牟尼佛之後，大乘佛教中最重要的論師。本書作者楊惠南教授，潛心鑽研印度佛學，專心研究龍樹的著作，並透過論文釐清龍樹哲學中一些重要概念的問題。是研究龍樹與中觀哲學不容錯過的重要著作。

維摩詰經今譯

陳慧劍／譯注

　　本經義理的主要導航人物，是現「居士身」的維摩詰；而本經所記錄的玄理，則是貫串大乘「空義」最重要的文獻之一，其思想涵蓋自東晉以後發展的三種中國式佛教宗派——三論宗、天台宗、禪宗。本經之譯注，係透過現代化語文與注疏方法，參考古今多家釋義，截長補短，兼顧經義與經文的連貫性，使譯文與原典可以「對讀」而不生結癃。

三民網路書店　會員

獨享好康大放送

書種最齊全
服務最迅速

超過百萬種繁、簡體書、原文書 5 折起

通關密碼：A1901

憑通關密碼
登入就送 100 元 e-coupon。
（使用方式請參閱三民網路書店之公告）

生日快樂
生日當月送購書禮金 200 元。
（使用方式請參閱三民網路書店之公告）

好康多多
購書享 3% ～ 6% 紅利積點。
消費滿 350 元超商取書免運費。
電子報通知優惠及新書訊息。

三民網路書店 www.sanmin.com.tw